D1245575

KING KONG THÉORIE

Virginie Despentes publie son premier roman, *Baise-moi*, en 1993. Il est traduit dans plus de vingt pays. Suivront *Les Chiennes savantes*, en 1995, puis *Les Jolies Choses* en 1998, aux éditions Grasset, prix de Flore et adapté au cinéma par Gilles Paquet-Brenner avec Marion Cotillard et Stomy Bugsy en 2000. Elle publie *Teen Spirit* en 2002, adapté au cinéma par Olivier de Pias, sous le titre *Tel père, telle fille,* en 2003, avec Vincent Elbaz et Élodie Bouchez. *Bye Bye Blondie* est publié en 2004 et Virginie Despentes réalise son adaptation en 2011, avec Béatrice Dalle, Emmanuelle Béart, Soko et Pascal Greggory. En 2010, *Apocalypse bébé* obtient le prix Renaudot. Virginie Despentes a également publié un essai, *King Kong Théorie,* qui a obtenu le Lambda Literary Award for LGBT Non Fiction en 2011. Elle a réalisé sur le même sujet un documentaire, *Mutantes, Féminisme Porno Punk,* qui a été couronné en 2011 par le prix CHE du London Lesbian and Gay Film Festival.

VIRGINIE DESPENTES

King Kong Théorie

GRASSET

© Éditions Grasset & Fasquelle, 2006.
ISBN : 978-2-253-12211-1 – 1re publication LGF

BAD LIEUTENANTES

J'écris de chez les moches, pour les moches, les vieilles, les camionneuses, les frigides, les mal baisées, les imbaisables, les hystériques, les tarées, toutes les exclues du grand marché à la bonne meuf. Et je commence par là pour que les choses soient claires : je ne m'excuse de rien, je ne viens pas me plaindre. Je n'échangerais ma place contre aucune autre, parce qu'être Virginie Despentes me semble être une affaire plus intéressante à mener que n'importe quelle autre affaire.

Je trouve ça formidable qu'il y ait aussi des femmes qui aiment séduire, qui sachent séduire, d'autres se faire épouser, des qui sentent le sexe et d'autres le gâteau du goûter des enfants qui sortent de l'école. Formidable qu'il y en ait de très douces, d'autres épanouies dans leur féminité, qu'il y en ait de jeunes, très belles, d'autres coquettes et rayonnantes. Franchement, je suis bien contente pour toutes celles à qui les choses telles qu'elles sont conviennent. C'est dit sans la moindre ironie. Il se trouve simplement que je ne fais pas partie de celles-là. Bien sûr que je n'écrirais pas ce que j'écris si j'étais belle, belle à changer l'attitude de tous les hommes que je croise. C'est en tant que prolotte de la féminité que je parle, que j'ai parlé hier et que je recommence aujourd'hui. Quand j'étais au RMI, je ne ressentais aucune honte d'être une exclue, juste de la colère. C'est la même en tant que femme : je ne ressens pas la moindre honte de ne pas être une super bonne meuf. En revanche, je suis verte de rage qu'en tant que fille qui intéresse peu les hommes, on cherche sans cesse à me faire savoir que je ne devrais même pas être là. On a toujours existé. Même s'il n'était pas question de nous dans les romans d'hommes, qui n'imaginent que des femmes avec qui ils voudraient coucher. On a toujours existé, on n'a jamais parlé. Même aujourd'hui que les femmes publient beaucoup de romans, on rencontre rarement de personnages féminins aux physiques ingrats ou médiocres, inaptes à aimer les hommes ou à s'en faire aimer. Au contraire, les héroïnes contemporaines aiment les hommes, les rencontrent facilement, couchent avec eux en deux chapitres, elles jouissent en quatre lignes et elles aiment toutes le sexe. La figure de la looseuse de la féminité m'est plus que sympathique, elle m'est essentielle. Exactement comme la figure du looser social, économique ou politique. Je préfère ceux qui n'y arrivent pas pour la bonne et simple raison que je n'y arrive pas très bien, moi-même. Et que dans l'ensemble l'humour et l'inventivité se situent plutôt de notre côté. Quand on n'a pas ce qu'il faut pour se la péter, on est souvent plus créatifs. Je suis plutôt King Kong que Kate Moss, comme fille. Je suis ce genre de femme qu'on n'épouse pas, avec qui on ne fait pas d'enfant, je parle de ma place de femme toujours trop tout ce qu'elle est, trop agressive, trop bruyante, trop grosse, trop brutale, trop hirsute, toujours trop virile, me dit-on. Ce sont pourtant mes qualités viriles qui font de moi autre chose qu'un cas social parmi les autres. Tout ce que j'aime de ma vie, tout ce qui m'a sauvée, je le dois à ma virilité. C'est donc ici en tant que femme inapte à attirer l'attention masculine, à satisfaire le désir masculin, et à me satisfaire d'une place à l'ombre que j'écris. C'est d'ici que j'écris, en tant que femme non séduisante, mais ambitieuse, attirée par l'argent que je gagne moi-même, attirée par le pouvoir, de faire et de refuser, attirée par la ville plutôt que par l'intérieur, toujours excitée par les expériences et incapable de me satisfaire du récit qu'on m'en fera. Je m'en tape de mettre la gaule à des hommes qui ne me font pas rêver. Il ne m'est jamais paru flagrant que les filles séduisantes s'éclataient tant que ça. Je me suis toujours sentie moche, je m'en accommode d'autant mieux que ça m'a sauvée d'une vie de merde à me coltiner des mecs gentils qui ne m'auraient jamais emmenée plus loin que la ligne bleue des Vosges. Je suis contente de moi, comme ça, plus désirante que désirable. J'écris donc d'ici, de chez les invendues, les tordues, celles qui ont le crâne rasé, celles qui ne savent pas s'habiller, celles qui ont peur de puer, celles qui ont les chicots pourris, celles qui ne savent pas s'y prendre, celles à qui les hommes ne font pas de cadeau, celles qui baiseraient avec n'importe qui voulant bien d'elles, les grosses putes, les petites salopes, les femmes à chatte toujours sèche, celles qui ont des gros bides, celles qui voudraient être des hommes, celles qui se prennent pour des hommes, celles qui rêvent de faire hardeuses, celles qui n'en ont rien à foutre des mecs mais que leurs copines intéressent, celles qui ont un gros cul, celles qui ont les poils drus et bien noirs et qui ne vont pas se faire épiler, les femmes brutales, bruyantes, celles qui cassent tout sur leur passage, celles qui n'aiment pas les parfumeries, celles qui se mettent du rouge trop rouge, celles qui sont trop mal foutues pour pouvoir se saper comme des chaudasses mais qui en crèvent d'envie, celles qui veulent porter des fringues d'hommes et la barbe dans la rue, celles qui veulent tout montrer, celles qui sont pudiques par complexe, celles qui ne savent pas dire non, celles qu'on enferme pour les mater, celles qui font peur, celles qui font pitié, celles qui ne font pas envie, celles qui ont la peau flasque, des rides plein la face, celles qui rêvent de se faire lifter, liposucer, péter le nez pour le refaire mais qui n'ont pas l'argent pour le faire, celles qui ne ressemblent plus à rien, celles qui ne comptent que sur elles-mêmes pour se protéger, celles qui ne savent pas être rassurantes, celles qui s'en foutent de leurs enfants, celles qui aiment boire

jusqu'à se vautrer par terre dans les bars, celles qui
ne savent pas se tenir ; aussi bien et dans la foulée
que pour les hommes qui n'ont pas envie d'être pro-
tecteurs, ceux qui voudraient l'être mais ne savent
pas s'y prendre, ceux qui ne savent pas se battre, ceux
qui chialent volontiers, ceux qui ne sont pas ambitieux, ni compétitifs, ni bien membrés, ni agressifs,
ceux qui sont craintifs, timides, vulnérables, ceux qui
préféreraient s'occuper de la maison plutôt que
d'aller travailler, ceux qui sont délicats, chauves, trop
pauvres pour plaire, ceux qui ont envie de se faire
mettre, ceux qui ne veulent pas qu'on compte sur
eux, ceux qui ont peur tout seuls le soir.

Parce que l'idéal de la femme blanche, séduisante
mais pas pute, bien mariée mais pas effacée, travaillant mais sans trop réussir, pour ne pas écraser son
homme, mince mais pas névrosée par la nourriture,
restant indéfiniment jeune sans se faire défigurer par
les chirurgiens de l'esthétique, maman épanouie mais
pas accaparée par les couches et les devoirs d'école,
bonne maîtresse de maison mais pas bonniche traditionnelle, cultivée mais moins qu'un homme, cette
femme blanche heureuse qu'on nous brandit tout le
temps sous le nez, celle à laquelle on devrait faire
l'effort de ressembler, à part qu'elle a l'air de beaucoup s'emmerder pour pas grand-chose, de toute
façon je ne l'ai jamais croisée, nulle part. Je crois bien
qu'elle n'existe pas.

« Vraiment, si la femme n'avait d'existence que dans les œuvres littéraires masculines, on l'imaginerait comme une créature de la plus haute importance, diverse, héroïque et médiocre, magnifique et vile, infiniment belle et hideuse à l'extrême, avec autant de grandeur qu'un homme, davantage même, de l'avis de quelques-uns. Mais il s'agit là de la femme à travers la fiction. En réalité, comme l'a indiqué le Professeur Trevelyan, la femme était enfermée, battue et traînée dans sa chambre. »

Virginia WOOLF, *Une chambre à soi.*

JE T'ENCULE OU TU M'ENCULES ?

Depuis quelque temps, en France, on n'arrête plus de se faire engueuler, rapport aux années 70. Et qu'on a fait fausse route, et qu'est-ce qu'on a foutu avec la révolution sexuelle, et qu'on se prend pour des hommes ou quoi, et qu'avec nos conneries, on se demande où est passée la bonne vieille virilité, celle de papa et du grand-père, ces hommes qui savaient mourir à la guerre et conduire un foyer avec une saine autorité. Et la loi derrière lui. On se fait engueuler parce que les hommes ont peur. Comme si on y était pour quelque chose. C'est tout de même épatant, et pour le moins moderne, un dominant qui vient chialer que le dominé n'y met pas assez du sien... L'homme blanc s'adresse-t-il ici réellement aux femmes ou cherche-t-il à exprimer qu'il est surpris de la tournure que prennent globalement ses affaires ? Quoi qu'il en soit, c'est pas concevable ce qu'on se fait engueuler, rappeler à l'ordre et contrôler. Ici, on joue trop les victimes, ailleurs on ne baise pas comme il faut, trop comme des chiennes ou trop

amoureuses attendries, quoi qu'il arrive on n'y a rien
compris, trop porno ou pas assez sensuelles... Décidément, cette révolution sexuelle, c'était de la confi-
ture aux connes. Quoi qu'on fasse, il y a quelqu'un
pour prendre la peine de dire que c'est naze. Quasiment, c'était mieux avant. Ah bon ?

Je suis née en 69. J'ai été à l'école mixte. J'ai su
dès le cours préparatoire que l'intelligence scolaire
des garçons était la même que celle des filles. J'ai
porté des jupes courtes sans que personne dans ma
famille se soit jamais inquiété de ma réputation auprès
des voisins. J'ai pris la pilule à 14 ans sans que ça soit
compliqué. J'ai baisé dès que j'en ai eu l'occasion, ça
m'a superplu à l'époque, et vingt ans après le seul
commentaire que ça m'inspire c'est : « trop cool pour
moi ». J'ai quitté la maison à 17 ans et j'avais le droit
d'habiter seule, sans que personne trouve à y redire.
J'ai toujours su que je travaillerais, que je ne serais
pas obligée de supporter la compagnie d'un homme
pour qu'il paye mon loyer. J'ai ouvert un compte en
banque à mon nom sans avoir conscience d'appartenir à la première génération de femmes à pouvoir le
faire sans père ni mari. Je me suis masturbée assez
tard, mais je connaissais déjà le mot, pour l'avoir lu
dans des livres très clairs sur la question : je n'étais
pas un monstre asocial parce que je me touchais,
d'ailleurs ça ne regardait que moi, ce que je faisais de
ma chatte. J'ai couché avec des centaines de mecs,
sans jamais tomber enceinte, de toute façon, je savais
où avorter, sans l'autorisation de personne, sans ris-

quer ma peau. Je suis devenue pute, je me suis promenée en ville en talons hauts et décolletés profonds, sans rendre de comptes, j'ai encaissé et dépensé chaque centime de ce que j'ai gagné. J'ai fait du stop, j'ai été violée, j'ai refait du stop. J'ai écrit un premier roman que j'ai signé de mon prénom de fille, sans imaginer une seconde qu'à parution on viendrait me réciter l'alphabet des frontières à ne pas dépasser. Les femmes de mon âge sont les premières pour lesquelles il est possible de mener une vie sans sexe, sans passer par la case couvent. Le mariage forcé est devenu choquant. Le devoir conjugal n'est plus une évidence. Pendant des années, j'ai été à des milliers de kilomètres du féminisme, non par manque de solidarité ou de conscience, mais parce que, pendant longtemps, être de mon sexe ne m'a effectivement pas empêchée de grand-chose. Puisque j'avais envie d'une vie d'homme, j'ai eu une vie d'homme. C'est que la révolution féministe a bien eu lieu. Il faudrait arrêter de nous raconter qu'on était plus comblées, avant. Des horizons se sont déployés, territoires brutalement ouverts, comme s'ils l'avaient toujours été.

D'accord, la France actuelle, c'est loin d'être l'Arcadie pour tous. On n'est ni heureuses, ni heureux, ici. Ça n'a aucun rapport avec le respect de la tradition des genres. On pourrait toutes rester en tablier à la cuisine à faire des gosses chaque fois qu'on baise, ça ne changerait rien à la faillite du travail, du libéralisme, du christianisme ou de l'équilibre écologique.

Les femmes autour de moi gagnent effectivement moins d'argent que les hommes, occupent des postes subalternes, trouvent normal d'être sous-considérées quand elles entreprennent quelque chose. Il y a une fierté de domestique à devoir avancer entravées, comme si c'était utile, agréable ou sexy. Une jouissance servile à l'idée de servir de marchepieds. On est embarrassées de nos puissances. Toujours fliquées, par les hommes qui continuent de se mêler de nos affaires et d'indiquer ce qui est bon ou mal pour nous, mais surtout par les autres femmes, via la famille, les journaux féminins, et le discours courant. Il faut minorer sa puissance, jamais valorisée chez une femme : « compétente » veut encore dire « masculine ».

Joan Rivière, psychanalyste du début du XXᵉ siècle, écrit en 1927 *La Féminité comme mascarade*. Elle étudie le cas d'une femme « intermédiaire », c'est-à-dire hétérosexuelle mais virile, qui souffre de ce qu'à chaque fois qu'elle s'exprime en public, elle est saisie d'une peur horrible qui lui fait perdre tous ses moyens et se traduit par une nécessité obsessionnelle et humiliante d'attirer l'attention des hommes.

« L'analyse dévoila que sa coquetterie et ses œillades compulsionnelles (...) s'expliquaient ainsi : il s'agissait d'une tentative inconsciente pour écarter l'angoisse qui résulterait du fait des représailles qu'elle redoutait de la part des figures paternelles à la suite de ses prouesses intellectuelles. La démonstration en public de ses capacités intellectuelles, qui en soi représentait une réussite, prenait le sens d'une exhibition tendant à montrer qu'elle possédait le pénis du père, après l'avoir châtré. Démonstration faite, elle était saisie d'une peur horrible que le père ne se venge. Il s'agissait évidemment d'une démarche visant à apaiser sa vindicte en essayant de s'offrir à lui sexuellement. »

Cette analyse offre une clef de lecture de la déferlante de « chaudasserie » dans l'entreprise pop actuelle. Qu'on se promène en ville, qu'on regarde MTV, une émission de variétés sur la première chaîne ou qu'on feuillette un magazine féminin, on est frappés par l'explosion du look chienne de l'extrême, par ailleurs très seyant, adopté par beaucoup de jeunes filles. C'est en fait une façon de s'excuser, de rassurer les hommes : « regarde comme je suis bonne, malgré mon autonomie, ma culture, mon intelligence, je ne vise encore qu'à te plaire » semblent clamer les gosses en string. J'ai les moyens de vivre autre chose, mais je décide de vivre l'aliénation via les stratégies de séduction les plus efficaces.

On peut s'étonner, à première vue, de ce que les gamines adoptent avec tant d'enthousiasme les attributs de la femme-« objet », qu'elles mutilent leurs corps et l'exhibent spectaculairement, en même temps que cette jeune génération valorise « la femme respectable », c'est-à-dire loin du sexe festif. La contradiction n'est qu'apparente. Les femmes adressent aux hommes un message rassurant : « n'ayez pas peur de nous. » Ça vaut le coup de porter des tenues inconfortables, des chaussures qui entravent la marche, de se faire péter le nez ou gonfler la poitrine, de s'affamer. Jamais aucune société n'a exigé autant de preuves de soumissions aux diktats esthétiques, autant de modifications corporelles pour féminiser un corps. En même temps que jamais aucune société n'a autant permis la libre circulation corporelle et intellectuelle des femmes. Le sur-marquage en féminité ressemble à une excuse suite à la perte des prérogatives masculines, une façon de se rassurer, en les rassurant. « Soyons libérées, mais pas trop. Nous voulons jouer le jeu, nous ne voulons pas des pouvoirs liés au phallus, nous ne voulons faire peur à personne. » Les femmes se diminuent spontanément, dissimulent ce qu'elles viennent d'acquérir, se mettent en position de séductrices, réintégrant leur rôle, de façon d'autant plus ostentatoire qu'elles savent que – dans le fond – il ne s'agit plus que d'un simulacre. L'accès à des pouvoirs traditionnellement masculins se mêle à la peur de la punition. Depuis toujours, sortir de la cage a été accompagné de sanctions brutales.

Ça n'est pas tant l'idée de notre propre infériorité que nous avons assimilée – quelles qu'aient été les violences des instruments de contrôle, l'histoire quotidienne nous a montré que les hommes n'étaient par nature ni supérieurs, ni si différents des femmes. C'est l'idée que notre indépendance est néfaste qui est incrustée en nous jusqu'à l'os. Et relayée par les médias, avec acharnement : combien d'articles depuis vingt ans ont été écrits sur les femmes qui font peur aux hommes, celles qui sont seules, punies pour leurs ambitions ou leurs singularités ? Comme si être veuve, abandonnée, seule en temps de guerre ou maltraitée était une invention récente. Il a toujours fallu qu'on se débrouille sans l'aide de personne. Prétendre que les hommes et les femmes s'entendaient mieux avant les années 70 est une contrevérité historique. On se côtoyait moins, c'est tout.

Dans le même ordre d'idée, la maternité est devenue l'expérience féminine incontournable, valorisée entre toutes : donner la vie, c'est fantastique. La propagande « pro-maternité » a rarement été aussi tapageuse. Foutage de gueule, méthode contemporaine et systématique de la double contrainte : « Faites des enfants c'est fantastique vous vous sentirez plus femmes et accomplies que jamais », mais faites-les dans une société en dégringolade, où le travail salarié est une condition de survie sociale, mais n'est garanti pour personne, et surtout pas pour les femmes. Enfantez dans des villes où le logement est précaire, où l'école démissionne, où les enfants sont soumis aux agressions mentales les plus vicieuses, via la pub, la télé, internet, les marchands de sodas et confrères. Sans enfant, pas de bonheur féminin, mais élever des gamins dans des conditions décentes sera quasi impossible. Il faut, de toute façon, que les femmes se sentent en échec. Quoi qu'elles entreprennent, on doit pouvoir démontrer qu'elles s'y sont mal prises. Il n'y a pas d'attitude correcte, on a forcément commis une erreur dans nos choix, on est tenues pour responsables d'une faillite qui est en réalité collective, et mixte. Les armes contre notre genre sont spécifiques, mais la méthode s'applique aux hommes. Un bon consommateur est un consommateur insécure.

Etonnant, et salement révélateur : la révolution féministe des 70's n'a donné lieu à aucune réorganisation concernant la garde des enfants. La gestion de l'espace domestique non plus. Travaux bénévoles, donc féminins. On est restées dans le même état d'artisanat. Politiquement autant qu'économiquement, nous n'avons pas occupé l'espace public, nous ne nous le sommes pas approprié. Nous n'avons pas créé les crèches ; ni les lieux de garde d'enfants dont nous avions besoin, nous n'avons pas créé les systèmes industrialisés de ménage à domicile qui nous auraient émancipées. Ces secteurs économiquement rentables, nous ne les avons pas investis, ni pour faire fortune, ni pour rendre service à notre communauté. Pourquoi personne n'a inventé l'équivalent de Ikea pour la garde des enfants, l'équivalent de Macintosh pour le ménage à la maison ? Le collectif est resté un mode masculin. Nous manquons d'assurance quant à notre légitimité à investir le politique – c'est la moindre des choses, au vu de la terreur physique et morale à laquelle notre catégorie sexuelle est confrontée.

Comme si d'autres allaient s'occuper correctement de nos problèmes, et comme si nos préoccupations spécifiques n'étaient pas si importantes. Nous avons tort. S'il est évident que les femmes deviennent exactement aussi corruptibles et dégueulasses que les hommes au contact du pouvoir, il est indéniable que certaines considérations sont spécifiquement féminines. Délaisser le terrain politique comme nous l'avons fait marque nos propres réticences à l'émancipation. Il est vrai que pour se battre et réussir en politique, il faut être prête à sacrifier sa féminité, puisqu'il faut être prête à combattre, triompher, faire montre de puissance. Il faut oublier d'être douce, agréable, serviable, il faut s'autoriser à dominer l'autre, publiquement. Se passer de son assentiment, exercer le pouvoir frontalement, sans minauder ni s'excuser, car rares sont les concurrents qui vous féliciteront de les battre.

La maternité est devenue l'aspect le plus glorifié de la condition féminine. C'est aussi, en Occident, le domaine dans lequel le pouvoir de la femme s'est le plus accru. Ce qui est vrai depuis longtemps à propos des filles, cette emprise totale de la mère, l'est devenu à propos des fils. La maman sait ce qui est bon pour son enfant, on nous le répète sur tous les tons, elle porterait intrinsèquement en elle ce pouvoir stupéfiant. Réplique domestique de ce qui s'organise dans le collectif : l'État toujours plus surveillant sait mieux que nous ce que nous devons manger, boire, fumer, ingérer, ce que nous sommes aptes à regarder, lire, comprendre, comment nous devons nous déplacer, dépenser notre argent, nous distraire. Quand Sarkozy réclame la police dans l'école, ou Royal l'armée dans les quartiers, ça n'est pas une figure virile de la loi qu'ils introduisent chez les enfants, mais la prolongation du pouvoir absolu de la mère. Elle seule sait punir, encadrer, tenir les enfants en état de nourrissage prolongé. Un État qui se projette en mère toute-puissante est un État fascisant. Le citoyen d'une dictature revient au stade du bébé : langé, nourri et tenu au berceau par une force omniprésente, qui sait tout, qui peut tout, a tous les droits sur lui, pour son propre bien. L'individu est débarrassé de son autonomie, de sa faculté de se tromper, de se mettre en danger. C'est ce vers quoi notre société tend, possiblement parce que notre temps de grandeur est déjà loin derrière nous, nous régressons vers des stades d'organisation collective infantilisant l'individu. Dans la tradition, les valeurs viriles sont les valeurs de l'expérimentation, de la prise de risque, de la rupture avec le foyer. Quand de toutes parts la virilité des femmes est méprisée, entravée, désignée comme néfaste, les hommes auraient tort de se réjouir, ou de se sentir protégés. C'est autant leur autonomie que la nôtre qui est remise en cause. Dans une société libérale de surveillance, l'homme est un consommateur comme un autre, et il n'est pas souhaitable qu'il ait beaucoup plus de pouvoirs qu'une femme.

Le corps collectif fonctionne comme un corps individuel : si le système est névrosé, il engendre spontanément des structures autodestructrices. Quand l'inconscient collectif, à travers ces instruments de pouvoir que sont les médias et l'industrie de l'entertainment, survalorise la maternité, ce n'est ni par amour du féminin, ni par bienveillance globale. La mère investie de toutes les vertus, c'est le corps collectif qu'on prépare à la régression fasciste. Le pouvoir qu'un État malade octroie est forcément suspect.

On entend aujourd'hui des hommes se lamenter de ce que l'émancipation féministe les dévirilise. Ils regrettent un état antérieur, quand leur force prenait racine dans l'oppression féminine. Ils oublient que cet avantage politique qui leur était donné a toujours eu un coût : les corps des femmes n'appartiennent aux hommes qu'en contrepartie de ce que les corps des hommes appartiennent à la production, en temps de paix, à l'État, en temps de guerre. La confiscation du corps des femmes se produit en même temps que la confiscation du corps des hommes. Il n'y a de gagnants dans cette affaire que quelques dirigeants.

Le soldat le plus connu de la guerre en Irak est une femme. Les États désormais envoient leurs pauvres au front. Les conflits armés sont devenus territoires mixtes. De plus en plus, la polarité dans la réalité se fait en fonction de la classe sociale.

Les hommes dénoncent avec virulence injustices sociales ou raciales, mais se montrent indulgents et compréhensifs quand il s'agit de domination machiste. Ils sont nombreux à vouloir expliquer que le combat féministe est annexe, un sport de riches, sans pertinence ni urgence. Il faut être crétin, ou salement malhonnête, pour trouver une oppression insupportable et juger l'autre pleine de poésie.

De la même manière, les femmes auraient intérêt à mieux penser les avantages de l'accession des hommes à une paternité active, plutôt que profiter du pouvoir qu'on leur confère politiquement, via l'exaltation de l'instinct maternel. Le regard du père sur l'enfant constitue une révolution en puissance. Ils peuvent notamment signifier aux filles qu'elles ont une existence propre, en dehors du marché de la séduction, qu'elles sont capables de force physique, d'esprit d'entreprise et d'indépendance, et de les valoriser pour cette force, sans crainte d'une punition immanente. Ils peuvent signaler aux fils que la tradition machiste est un piège, une sévère restriction des émotions, au service de l'armée et de l'État. Car la virilité traditionnelle est une entreprise aussi mutilatrice que l'assignement à la féminité. Qu'est-ce que ça exige, au juste, être un homme, un vrai ? Répression des émotions. Taire sa sensibilité. Avoir honte de sa délicatesse, de sa vulnérabilité. Quitter l'enfance brutalement, et définitivement : les hommes-enfants n'ont pas bonne presse. Être angoissé par la taille de sa bite. Savoir faire jouir les femmes sans qu'elles sachent ou veuillent indiquer la marche à suivre. Ne pas montrer sa faiblesse. Museler sa sensualité. S'habiller dans des couleurs ternes, porter toujours les mêmes chaussures pataudes, ne pas jouer avec ses cheveux, ne pas porter trop de bijoux, ni aucun maquillage. Devoir faire le premier pas, toujours. N'avoir aucune culture sexuelle pour améliorer son orgasme. Ne pas savoir demander d'aide. Devoir être courageux, même si on n'en a aucune envie. Valoriser la force quel que soit son caractère. Faire preuve d'agressivité. Avoir un accès restreint à la paternité. Réussir socialement, pour se payer les meilleures femmes. Craindre son homosexualité car un homme, un vrai, ne doit pas être pénétré. Ne pas jouer à la poupée quand on est petit, se contenter de petites voitures et d'armes en plastique supermoches. Ne pas trop prendre soin de son corps. Être soumis à la brutalité des autres hommes, sans se plaindre. Savoir se défendre, même si on est doux. Être coupé de sa féminité, symétriquement aux femmes qui renoncent à leur virilité, non pas en fonction des besoins d'une situation ou d'un caractère, mais en fonction de ce que le corps collectif exige. Afin que, toujours, les femmes donnent les enfants pour la guerre, et que les hommes acceptent d'aller se faire tuer pour sauver les intérêts de trois ou quatre crétins à vue courte.

Si nous n'allons pas vers cet inconnu qu'est la révolution des genres, nous connaissons exactement ce vers quoi nous régressons. Un État tout-puissant qui nous infantilise, intervient dans toutes nos décisions, pour notre propre bien, qui – sous prétexte de mieux nous protéger – nous maintient dans l'enfance, l'ignorance, la peur de la sanction, de l'exclusion. Le traitement de faveur qui jusqu'alors était réservé aux femmes, avec la honte comme outil de pointe pour les tenir dans l'isolement, la passivité, l'immobilisme, pourrait s'étendre à tous. Comprendre les mécaniques de notre infériorisation, et comment nous sommes amenées à en être les meilleurs vigiles, c'est comprendre les mécaniques de contrôle de toute la population. Le capitalisme est une religion égalitariste, en ce sens qu'elle nous soumet tous, et amène chacun à se sentir piégé, comme le sont toutes les femmes.

« Aux États-Unis et dans d'autres pays capitalistes, les lois sur le viol en tant que règles ont été d'abord pensées pour la protection des hommes des classes aisées, dont les filles et les épouses pouvaient être attaquées. Ce qui arrivait aux femmes des classes ouvrières importait peu à la justice ; c'est ainsi que très peu d'hommes blancs ont été inculpés pour les crimes sexuels qu'ils ont infligés à ces femmes. »

Angela DAVIS, *Women Race and Class*, 1981.

IMPOSSIBLE DE VIOLER
CETTE FEMME PLEINE DE VICES [1]

Juillet 86, j'ai 17 ans. On est deux filles, en mini-jupe, je porte des collants rayés et des converses basses rouges. On revient de Londres, où on a dépensé en disques, teintures et divers accessoires cloutés tout l'argent qu'on avait en stock, donc plus une thune pour le voyage retour. On galère pour rejoindre Calais en stop, ça nous prend toute la journée, puis pour payer le ferry en faisant la manche directement à côté des guichets, quand on arrive à Calais la nuit est déjà bien tombée. Pendant la traversée on a cherché des gens en voiture qui nous rapprocheraient. Deux Italiens plutôt beaux, qui fument de l'herbe, nous conduisent jusqu'aux portes de Paris. On se retrouve en pleine nuit à une station essence, quelque part sur le périphérique. On décide d'attendre que le jour se lève et les routiers avec, pour trouver un camion qui irait direct sur Nancy. On

---

1. Trust, *Antisocial*.

traîne sur le parking, dans le magasin, il ne fait pas
tellement froid.

Voiture de trois lascars, blancs, typiques banlieu-
sards de l'époque, bières, pétards, il est question de
Renaud, le chanteur. Comme ils sont trois, dans un
premier temps, on refuse de monter avec eux. Ils se
donnent la peine d'être vraiment sympas, faire des
blagues et discuter. Ils nous convainquent que c'est
trop bête d'attendre à l'ouest de Paris alors qu'ils
pourraient nous dropper à l'est, là où ça sera plus
facile de trouver quelqu'un. Et on monte dans la
voiture. Des deux filles, je suis celle qui a le plus
bourlingué, la plus grande gueule, celle qui décide
qu'on peut y aller. Au moment où les portières cla-
quent, cependant, on sait déjà que c'est une connerie.
Mais au lieu de hurler « on descend » les quelques
mètres où il est encore temps, on se dit chacune dans
notre coin qu'il faut arrêter de paranoïer et de voir
des violeurs partout. Ça fait plus d'une heure qu'on
parle avec eux, ils ont juste l'air de branleurs, amu-
sants, vraiment pas agressifs. Cette proximité, depuis,
parmi les choses indélébiles : corps d'hommes dans
un lieu clos où l'on est enfermées, avec eux, mais pas
semblables à eux. Jamais semblables, avec nos corps
de femmes. Jamais en sécurité, jamais les mêmes
qu'eux. Nous sommes du sexe de la peur, de l'humi-
liation, le sexe étranger. C'est sur cette exclusion de
nos corps que se construisent les virilités, leur
fameuse solidarité masculine, c'est dans ces moments
qu'elle se noue. Un pacte reposant sur notre inferio-

rité. Leurs rires de mecs, entre eux, le rire du plus fort, en nombre.

Pendant que ça se passe, ils font semblant de ne pas savoir exactement ce qui se passe. Parce qu'on est en minijupe, une cheveux verts, une cheveux orange, forcément, on « baise comme des lapins », donc le viol en train de se commettre n'en est pas tout à fait un. Comme pour la plupart des viols, j'imagine. J'imagine que, depuis, aucun de ces trois types ne s'identifie comme violeur. Car ce qu'ils ont fait, eux, c'est autre chose. À trois avec un fusil contre deux filles qu'ils ont cognées jusqu'à les faire saigner : pas du viol. La preuve : si vraiment on avait tenu à ne pas se faire violer, on aurait préféré mourir, ou on aurait réussi à les tuer. Celles à qui ça arrive, du point de vue des agresseurs, d'une manière ou d'une autre ils s'arrangent pour le croire, tant qu'elles s'en sortent vivantes, c'est que ça ne leur déplaisait pas tant que ça. C'est la seule explication que j'ai trouvée à ce paradoxe : dès la publication de *Baise-moi*, je rencontre des femmes qui viennent me raconter « j'ai été violée, à tel âge, dans telles circonstances ». Ça se répétait au point d'en être dérangeant, et dans un premier temps, je me suis même demandé si elles mentaient. C'est dans notre culture, dès la Bible et l'histoire de Joseph en Égypte, la parole de la femme qui accuse l'homme de viol est d'abord une parole qu'on met en doute. Puis j'ai fini par admettre : ça arrive tout le temps. Voilà un acte fédérateur, qui connecte toutes les classes, sociales, d'âges, de

beautés et même de caractères. Alors, comment expliquer qu'on n'entende presque jamais la partie
adverse : « j'ai violé Unetelle, tel jour, dans telles circonstances » ? Parce que les hommes continuent de
faire ce que les femmes ont appris à faire pendant
des siècles : appeler ça autrement, broder, s'arranger,
surtout ne pas utiliser *le* mot pour décrire ce qu'ils
ont fait. Ils ont « un peu forcé » une fille, ils ont « un
peu déconné », elle était « trop bourrée » ou bien
c'était une nymphomane qui faisait semblant de ne
pas vouloir : mais si ça a pu se faire, c'est qu'au fond
la fille était consentante. Qu'il y ait besoin de la frap-
per, de la menacer, de s'y prendre à plusieurs pour
la contraindre et qu'elle chiale avant pendant et après
n'y change rien : dans la plupart des cas, le violeur
s'arrange avec sa conscience, il n'y a pas eu de viol,
juste une salope qui ne s'assume pas et qu'il a suffi
de savoir convaincre. À moins que ça ne soit difficile
à porter, aussi, de l'autre côté. On n'en sait rien, ils
n'en parlent pas.

Il n'y a vraiment que les psychopathes graves, violeurs en série qui découpent les chattes à coups de
tessons de bouteilles, ou pédophiles s'attaquant aux
petites filles, qu'on identifie en prison. Car les
hommes condamnent le viol. Ce qu'ils pratiquent,
c'est toujours autre chose.

On dit souvent que le porno augmente le nombre
de viols. Hypocrite et absurde. Comme si l'agression
sexuelle était une invention récente, et qu'il faille
l'introduire dans les esprits par des films. En revanche,

que les mâles français ne soient pas partis à la guerre
depuis les années 60 et l'Algérie augmente certaine-
ment les viols « civils ». La vie militaire était une occasion régulière de pratiquer le viol collectif, « pour la
bonne cause ». C'est d'abord une stratégie guerrière,
qui participe à la virilisation du groupe qui la commet
tandis qu'il affaiblit en l'hybridant le groupe adverse,
et ce depuis que les guerres de conquête existent.
Qu'on cesse de vouloir nous faire croire que la violence sexuelle à l'encontre des femmes est un phénomène récent, ou propre à un groupe quelconque.

Les premières années, on a évité d'en parler. Trois
ans plus tard, sur les pentes de la Croix-Rousse, une
fille que j'aime beaucoup se fait violer chez elle, sur
la table de la cuisine, par un type qui l'a suivie depuis
la rue. Le jour où je l'apprends, je travaille dans un
petit magasin de disques, Attaque Sonore, dans le
vieux Lyon. Superbe temps, soleil, grande lumière
d'été le long des murs des rues étroites de la vieille
ville, vieilles pierres de taille polies, dans les blancs
jaunis et orangés. Les quais de Saône, le pont, les
façades des maisons. Ça m'a toujours tapée comme
c'était beau, et ce jour particulièrement. Le viol ne
trouble aucune tranquillité, c'est déjà contenu dans
la ville. J'ai fermé le magasin et je suis partie marcher.
Ça m'a plus révoltée que quand ça nous était arrivé
directement. J'ai compris à travers son histoire à elle
que c'était quelque chose qu'on attrapait et dont on
ne se défaisait plus. Inoculé. Jusque-là, je m'étais dit

que j'avais bien encaissé, que j'avais la peau dure et
autre chose à foutre dans la vie que laisser trois ploucs
me traumatiser. Ce n'est qu'en observant à quel point
j'assimilais son viol à un événement après lequel rien
ne sera jamais plus comme avant, que j'ai accepté
d'entendre, par ricochet, ce que je ressentais pour
nous-mêmes. Blessure d'une guerre qui doit se jouer
dans le silence et l'obscurité.

J'avais 20 ans quand ça lui est arrivé, je ne tenais
pas à ce qu'on me parle féminisme. Pas assez punk-
rock, trop bon esprit. Après son agression, je me suis
ravisée et j'ai participé à un week-end de formation
d'écoute de « Stop Viol », une permanence téléphonique, pour parler suite à une agression, ou prendre
des renseignements juridiques. Ça avait à peine commencé que déjà je râlais dans mon coin : pourquoi
on conseillerait à qui que ce soit d'aller porter
plainte ? Aller chez les keufs, à part pour faire marcher une assurance, j'avais du mal à voir l'intérêt. Se
déclarer victime d'un viol, dans un commissariat, je
pensais instinctivement que c'était se remettre en danger. La loi des flics, c'est celle des hommes. Puis une
intervenante a expliqué : « La plupart du temps, une
femme qui parle de son viol commencera par l'appeler autrement. » Intérieurement, toujours, je renâcle :
« n'importe quoi. » Voilà qui me semble être de la
plus haute improbabilité : pourquoi elles ne diraient
pas ce mot, et qu'est-ce qu'elle en sait, celle qui
parle ? Elle croit qu'on se ressemble toutes, peut-
être ? Soudain je me freine toute seule dans mon

élan : qu'est-ce que j'ai fait, moi, jusque-là ? Les rares
fois – le plus souvent bien bourrée – où j'ai voulu en
parler, est-ce que j'ai dit le mot ? Jamais. Les rares
fois où j'ai cherché à raconter ce truc, j'ai contourné
le mot « viol » : « agressée », « embrouillée », « se
faire serrer », « une galère », whatever... C'est que
tant qu'elle ne porte pas son nom, l'agression perd
sa spécificité, peut se confondre avec d'autres agressions, comme se faire braquer, embarquer par les
flics, garder à vue, ou tabasser. Cette stratégie de la
myopie a son utilité. Car, du moment qu'on appelle
son viol un viol, c'est tout l'appareil de surveillance
des femmes qui se met en branle : tu veux que ça se
sache, ce qui t'est arrivé ? Tu veux que tout le monde
te voie comme une femme à qui c'est arrivé ? Et, de
toute façon, comment peux-tu en être sortie vivante,
sans être une salope patentée ? Une femme qui tien-
drait à sa dignité aurait préféré se faire tuer. Ma survie, en elle-même, est une preuve qui parle contre
moi. Le fait d'être plus terrorisée à l'idée d'être tuée
que traumatisée par les coups de reins des trois
connards, apparaissait comme une chose monstrueuse : je n'en avais jamais entendu parler, nulle
part. Heureusement qu'étant punkette pratiquante,
ma pureté de femme bien, je pouvais m'en passer.
Car il faut être traumatisée d'un viol, il y a une série
de marques visibles qu'il faut respecter : peur des
hommes, de la nuit, de l'autonomie, dégoût du sexe
et autres joyeusetés. On te le répète sur tous les tons :
c'est grave, c'est un crime, les hommes qui t'aiment,

s'ils le savent, ça va les rendre fous de douleur et de rage (c'est aussi un dialogue privé, le viol, où un homme déclare aux autres hommes : je baise vos femmes à l'arraché). Mais le conseil le plus raisonnable, pour tout un tas de raisons, reste « garde ça pour toi ». Étouffe, donc, entre les deux injonctions. Crève, salope, comme on dit.

Alors le mot est évité. À cause de tout ce qu'il recouvre. Dans le camp des agressées, comme chez les agresseurs, on tourne autour du terme. C'est un silence croisé.

Les premières années, après le viol, surprise pénible : les livres ne pourront rien pour moi. Ça ne m'était jamais arrivé. Quand, par exemple, en 1984, je suis internée quelques mois, ma première réaction, en sortant, a été de lire. *Le Pavillon des enfants fous*, *Vol au-dessus d'un nid de coucou*, *Quand j'avais cinq ans je m'ai tué*, et les essais sur la psychiatrie, l'internement, la surveillance, l'adolescence. Les livres étaient là, tenaient compagnie, rendaient la chose possible, dicible, partageable. Prison, maladie, maltraitances, drogues, abandons, déportations, tous les traumas ont leur littérature. Mais ce trauma crucial, fondamental, définition première de la féminité, « celle qu'on peut prendre par effraction et qui doit rester sans défense », ce trauma-là n'entrait pas en littérature. Aucune femme après être passée par le viol n'avait eu recours aux mots pour en faire un sujet de roman. Rien, ni qui guide, ni qui accompagne. Ça ne passait pas dans le symbolique. C'est extraordinaire qu'entre femmes on ne dise rien aux jeunes filles, pas le moindre passage de savoir, de consignes de survie, de conseils pratiques simples. Rien.

Enfin, en 1990, je monte à Paris voir un concert de Limbomaniacs, TGV, je lis *Spin*. Une certaine Camille Paglia y écrit un article qui m'interpelle et commence par me faire rigoler, dans lequel elle décrit l'effet que lui font les footballeurs sur un terrain, fascinantes bêtes de sexe pleines d'agressivité. Elle commençait son papier sur toute cette rage guerrière et à quel point ça lui plaisait, cet étalage de sueur et de cuisses musclées en action. Ce qui, de fil en aiguille, l'amenait au sujet du viol. J'ai oublié ses termes exacts. Mais, en substance : « C'est un risque inévitable, c'est un risque que les femmes doivent prendre en compte et accepter de courir si elles veulent sortir de chez elles et circuler librement. Si ça t'arrive, remets-toi debout, dust yourself et passe à autre chose. Et si ça te fait trop peur, il faut rester chez maman et t'occuper de faire ta manucure. » Ça m'a révoltée, sur le coup. Haut-le-cœur de défense. Dans les minutes qui ont suivi, de ce truc de grand calme intérieur : sonnée. Gare de Lyon, il faisait déjà nuit, j'appelais Caroline, toujours la même copine, avant de filer vers le nord trouver la salle rue Ordener. Je l'appelais, surexcitée, pour lui parler de cette Italienne américaine, qu'il fallait qu'elle lise ça et qu'elle me dise ce qu'elle en pensait. Ça a sonné Caroline, pareil que moi.

Depuis plus rien n'a jamais été cloisonné, verrouillé, comme avant. Penser pour la première fois le viol de façon nouvelle. Le sujet jusqu'alors était resté tabou, tellement miné qu'on ne se permettait pas d'en dire autre chose que « quelle horreur » et « pauvres filles ».

Pour la première fois, quelqu'un valorisait la faculté de s'en remettre, plutôt que de s'étendre complaisamment sur le florilège des traumas. Dévalorisation du viol, de sa portée, de sa résonance. Ça n'annulait rien à ce qui s'était passé, ça n'effaçait rien de ce qu'on avait appris cette nuit-là.

Camille Paglia est sans doute la plus controversée des féministes américaines. Elle proposait de penser le viol comme un risque à prendre, inhérent à notre condition de filles. Une liberté inouïe, de dédramatisation. Oui, on avait été dehors, un espace qui n'était pas pour nous. Oui, on avait vécu, au lieu de mourir. Oui, on était en minijupe seules sans un mec avec nous, la nuit, oui on avait été connes, et faibles, incapables de leur péter la gueule, faibles comme les filles apprennent à l'être quand on les agresse. Oui, ça nous était arrivé, mais pour la première fois, on comprenait ce qu'on avait fait : on était sorties dans la rue parce que, chez papa-maman, il ne se passait pas grand-chose. On avait pris le risque, on avait payé le prix, et plutôt qu'avoir honte d'être vivantes on pouvait décider de se relever et de s'en remettre le mieux possible. Paglia nous permettait de nous imaginer en guerrières, non plus responsables personnellement de ce qu'elles avaient bien cherché, mais victimes ordinaires de ce qu'il faut s'attendre à endurer si on est femme et qu'on veut s'aventurer à l'extérieur. Elle était la première à sortir le viol du cauchemar absolu, du non-dit, de ce qui ne doit surtout jamais arriver. Elle en faisait une circonstance politique, quelque chose qu'on devait apprendre à encaisser. Paglia changeait tout : il ne s'agissait plus de nier, ni de succomber, il s'agissait de faire avec.

Été 2005, Philadelphie, je suis en face de Camille Paglia, on fait une interview pour un documentaire. Je hoche la tête avec enthousiasme en écoutant ce qu'elle dit. « Dans les années 60, sur les campus, les filles étaient enfermées dans les dortoirs à dix heures du soir, alors que les garçons faisaient ce qu'ils voulaient. Nous avons demandé « pourquoi cette différence de traitement ? » on nous a expliqué « parce que le monde est dangereux, vous risquez de vous faire violer », nous avons répondu « alors donnez-nous le droit de risquer d'être violées. »

Parmi les réactions que le récit de mon histoire a suscitées, il y a eu celle-ci : « Et tu as fait du stop, encore, après ? » Parce que je racontais que je ne l'avais pas dit à mes parents, de peur qu'ils me bouclent à triple tour, pour mon propre bien. Parce que oui, j'ai refait du stop. Moins pimpante, moins avenante, mais j'ai recommencé. Jusqu'à ce que d'autres punks me donnent l'idée de voyager en prenant des amendes dans le train, je ne connaissais pas d'autres moyens pour aller voir un concert à Toulouse le jeudi et un autre à Lille le samedi. Et à l'époque, voir des concerts était plus important que tout. Justifiait de se mettre en danger. Rien ne pouvait être pire que rester dans ma chambre, loin de la vie, alors qu'il se passait tant de choses dehors. J'ai donc continué d'arriver dans des villes où je ne connaissais personne, de rester seule dans des gares jusqu'à ce qu'elles ferment pour y passer la nuit, ou de dormir dans des allées d'immeuble en attendant le train du lendemain. De faire comme si je n'étais pas une fille. Et si je n'ai plus jamais été violée, j'ai risqué de l'être cent fois ensuite, juste en étant beaucoup à l'extérieur. Ce que j'ai vécu, à cette époque, à cet âge-là, était irremplaçable, autrement plus intense que d'aller m'enfermer à l'école apprendre la docilité, ou de rester chez moi à regarder des magazines. C'était les meilleures années de ma vie, les plus riches et tonitruantes, et toutes les saloperies qui sont venues avec, j'ai trouvé les ressources pour les vivre.

Mais j'ai scrupuleusement évité de raconter mon histoire parce que je connaissais d'avance le jugement : « ah, parce qu'ensuite tu as continué de faire du stop, si ça ne t'a pas calmée, c'est que ça a dû te plaire. » Puisque dans le viol, il faut toujours prouver qu'on n'était vraiment pas d'accord. La culpabilité est comme soumise à une attraction morale non énoncée, qui voudrait qu'elle penche toujours du côté de celle qui s'est fait mettre, plutôt que de celui qui a cogné.

Quand le film *Baise-moi* a été retiré de l'affiche, beaucoup de femmes – les hommes n'ont pas osé se prononcer sur ce point – ont tenu à affirmer publiquement : « Quelle horreur, il ne faudrait surtout pas croire que la violence est une solution contre le viol. » Ah bon ? On n'entend jamais parler dans les faits divers de filles, seules ou en bandes, qui arrachent des bites avec les dents pendant les agressions, qui retrouvent les agresseurs pour leur faire la peau, ou leur mettre une trempe. Ça n'existe, pour l'instant, que dans les films réalisés par des hommes. *La Dernière Maison sur la gauche*, de Wes Craven, *L'Ange de la vengeance*, de Ferrara, *I Spit on your Grave*, de Meir Zarchi, par exemple. Les trois films commencent par des viols plus ou moins ignobles (plutôt plus que moins, d'ailleurs). Et détaillent dans une deuxième partie les vengeances ultra-sanglantes que les femmes infligent à leurs agresseurs. Quand des hommes mettent en scène des personnages de femmes, c'est rarement dans le but d'essayer de comprendre ce qu'elles vivent et ressentent en tant que femmes. C'est plutôt une façon de mettre en scène leur sensibilité d'hommes, dans un corps de femme. J'y reviendrai avec le porno, qui suit la même logique. Dans ces trois films, on voit donc comment les hommes réagiraient, à la place des femmes, face au viol. Bain de sang, d'une impitoyable violence. Le message qu'ils nous font passer est clair : comment ça se fait que vous ne vous défendez pas plus brutalement ? Ce qui est étonnant, effectivement, c'est qu'on ne réagisse pas comme ça. Une entreprise politique ancestrale, implacable, apprend aux femmes à ne pas se défendre. Comme d'habitude, double contrainte : nous faire savoir qu'il n'y a rien de plus grave, et en même temps, qu'on ne doit ni se défendre, ni se venger. Souffrir, et ne rien pouvoir faire d'autre. C'est Damoclès entre les cuisses.

Mais des femmes sentent la nécessité de l'affirmer encore : la violence n'est pas une solution. Pourtant, le jour où les hommes auront peur de se faire lacérer la bite à coups de cutter quand ils serrent une fille de force, ils sauront brusquement mieux contrôler leurs pulsions « masculines », et comprendre ce que « non » veut dire. J'aurais préféré, cette nuit-là, être capable de sortir de ce qu'on a inculqué à mon sexe, et les égorger tous, un par un. Plutôt que vivre en étant cette personne qui n'ose pas se défendre, parce qu'elle est une femme, que la violence n'est pas son territoire, et que l'intégrité physique du corps d'un homme est plus importante que celle d'une femme.

Pendant ce viol, j'avais dans la poche de mon Teddy rouge et blanc un cran d'arrêt, manche noir rutilant, mécanique impeccable, lame fine mais longue, aiguisée, astiquée, brillante. Un cran d'arrêt que je brandissais assez facilement, en ces temps globalement confus. Je m'y étais attachée, à ma façon j'avais appris à m'en servir. Cette nuit-là, il est resté planqué dans ma poche et la seule pensée que j'ai eue à propos de cette lame était : pourvu qu'ils ne la trouvent pas, pourvu qu'ils ne décident pas de jouer avec. Je n'ai même pas pensé à m'en servir. Du moment que j'avais compris ce qui nous arrivait, j'étais convaincue qu'ils étaient les plus forts. Une question de mental. Je suis convaincue depuis que s'il s'était agi de nous faire voler nos blousons, ma réaction aurait été différente. Je n'étais pas téméraire, mais volontiers inconsciente. Mais, à ce moment précis, je me suis sentie femme, salement femme, comme je ne l'avais jamais senti, comme je ne l'ai plus jamais senti. Défendre ma propre peau ne me permettait pas de blesser un homme. Je crois que j'aurais réagi de la même façon s'il n'y avait eu qu'un seul garçon contre moi. C'est le projet du viol qui refaisait de moi une femme, quelqu'un d'essentiellement vulnérable. Les petites filles sont dressées pour ne jamais faire de mal aux hommes, et les femmes rappelées à l'ordre chaque fois qu'elles dérogent à la règle. Personne n'aime savoir à quel point il est lâche. Personne n'a envie de le savoir dans sa chair. Je ne suis pas furieuse contre moi de ne pas avoir osé en tuer un. Je suis furieuse contre une société qui m'a éduquée sans jamais m'apprendre à blesser un homme s'il m'écarte les cuisses de force, alors que cette même société m'a inculqué l'idée que c'était un crime dont je ne devais pas me remettre. Et je suis surtout folle de rage de ce qu'en face de trois hommes, une carabine et piégée dans une forêt dont on ne peut s'échapper en courant, je me sente encore aujourd'hui coupable de ne pas avoir eu le courage de nous défendre avec un petit couteau.

À la fin, il y en a un qui trouve cette lame, il la montre aux autres, sincèrement surpris que je ne l'aie pas sortie. « Alors, c'est que ça lui plaisait. » Les hommes, en toute sincérité, ignorent à quel point le dispositif d'émasculation des filles est imparable, à quel point tout est scrupuleusement organisé pour garantir qu'ils triomphent sans risquer grand-chose, quand ils s'attaquent à des femmes. Ils croient, benoîtement, que leur supériorité est due à leur grande force. Ça ne les dérange pas de se battre carabine contre cran d'arrêt. Ils estiment le combat égalitaire, les bienheureux crétins. C'est tout le secret de leur tranquillité d'esprit.

C'est étonnant qu'en 2006, alors que tant de monde se promène avec de minuscules ordinateurs cellulaires en poche, appareils photo, téléphones, répertoires, musique, il n'existe pas le moindre objet qu'on puisse se glisser dans la chatte quand on sort faire un tour dehors, et qui déchiquetterait la queue du premier connard qui s'y glisse. Peut-être que rendre le sexe féminin inaccessible par la force n'est pas souhaitable. Il faut que ça reste ouvert, et craintif, une femme. Sinon, qu'est-ce qui définirait la masculinité ?

Post-viol, la seule attitude tolérée consiste à retourner la violence contre soi. Prendre vingt kilos, par exemple. Sortir du marché sexuel, puisqu'on a été abîmée, se soustraire de soi-même au désir. En

France, on ne tue pas les femmes à qui c'est arrivé, mais on attend d'elles qu'elles aient la décence de se signaler en tant que marchandise endommagée, polluée. Putes ou enlaidies, qu'elles sortent spontanément du vivier des épousables.

Car le viol fabrique les meilleures putes. Une fois ouvertes par effraction, elles gardent parfois à fleur de peau une flétrissure que les hommes aiment, quelque chose de désespéré et de séduisant. Le viol est souvent initiatique, il taille dans le vif pour faire la femme offerte, qui ne se referme plus jamais tout à fait. Je suis sûre qu'il y a comme une odeur, quelque chose que les mâles repèrent, et qui les excite davantage.

On s'obstine à faire comme si le viol était extraordinaire et périphérique, en dehors de la sexualité, évitable. Comme s'il ne concernait que peu de gens, agresseurs et victimes, comme s'il constituait une situation exceptionnelle, qui ne dise rien du reste. Alors qu'il est, au contraire, au centre, au cœur, socle de nos sexualités. Rituel sacrificiel central, il est omniprésent dans les arts, depuis l'Antiquité, représenté par les textes, les statues, les peintures, une constante à travers les siècles. Dans les jardins de Paris aussi bien que dans les musées, représentations d'hommes forçant des femmes. Dans *Les Métamorphoses* d'Ovide, on dirait que les dieux passent leur temps à vouloir attraper des femmes qui ne sont pas d'accord, à obtenir ce qu'ils veulent par la force. Facile, pour eux qui sont des dieux. Et quand elles tombent enceintes, c'est encore sur elles que les femmes des dieux se vengent. La condition féminine, son alphabet. Toujours coupables de ce qu'on nous fait. Créatures tenues pour responsables du désir qu'elles suscitent. Le viol est un programme politique précis : squelette du capitalisme, il est la représentation crue et directe de l'exercice du pouvoir. Il désigne un dominant et organise les lois du jeu pour lui permettre d'exercer son pouvoir sans restriction. Voler, arracher, extorquer, imposer, que sa volonté s'exerce sans entraves et qu'il jouisse de sa brutalité, sans que la partie adverse puisse manifester de résistance. Jouissance de l'annulation de l'autre, de sa parole, de sa volonté, de son intégrité. Le viol, c'est la guerre civile, l'organisation politique par laquelle un sexe déclare à l'autre : je prends tous les droits sur toi, je te force à te sentir inférieure, coupable et dégradée.

Le viol, c'est le propre de l'homme, non pas la guerre, la chasse, le désir cru, la violence ou la barbarie, mais bien le viol, que les femmes – jusqu'à présent – ne se sont jamais approprié. La mystique masculine doit être construite comme étant par nature dangereuse, criminelle, incontrôlable. À ce titre elle doit être rigoureusement surveillée par la loi, régentée par le groupe. Derrière la toile du contrôle de la sexualité féminine paraît le but premier du politique : former le caractère viril comme asocial, pulsionnel, brutal. Et le viol sert d'abord de véhicule à cette constatation : le désir de l'homme est plus fort que lui, il est impuissant à le dominer. On entend encore souvent dire « grâce aux putes, il y a moins de viols », comme si les mâles ne pouvaient pas se retenir, qu'ils doivent se décharger quelque part. Croyance politique construite, et non l'évidence naturelle – pulsionnelle – qu'on veut nous faire croire. Si la testostérone faisait d'eux des animaux aux pulsions indomptables, ils tueraient aussi facilement qu'ils violent. C'est loin d'être le cas. Les discours sur la question du masculin sont émaillés de résidus d'obscurantismes. Le viol, l'acte condamné dont on ne doit pas parler, synthétise un ensemble de croyances fondamentales concernant la virilité.

Il y a ce fantasme du viol. Ce fantasme sexuel. Si je veux vraiment parler de « mon » viol, il faut que je passe par ça. C'est un fantasme que j'ai depuis que je suis petite. Je dirais que c'est un vestige du peu d'éducation religieuse que j'ai reçue, indirectement, par les livres, la télé, des enfants à l'école, des voisins. Les saintes, attachées, brûlées vives, les martyres ont été les premières images à provoquer chez moi des émotions érotiques. L'idée d'être livrée, forcée, contrainte est une fascination morbide et excitante pour la petite fille que je suis alors. Ensuite, ces fantasmes ne me quittent plus. Je suis sûre que nombreuses sont les femmes qui préfèrent ne pas se masturber, prétendant que ça ne les intéresse pas, plutôt que de savoir ce qui les excite. Nous ne sommes pas toutes les mêmes, mais je ne suis pas la seule dans mon cas. Ces fantasmes de viol, d'être prise de force, dans des conditions plus ou moins brutales, que je décline tout au long de ma vie masturbatoire, ne me viennent pas « out of the blue ». C'est un dispositif culturel prégnant et précis, qui prédestine la sexualité des femmes à jouir de leur propre impuissance, c'est-à-dire de la supériorité de l'autre, autant qu'à jouir contre leur gré, plutôt que comme des salopes qui aiment le sexe. Dans la morale judéochrétienne, mieux vaut être prise de force que prise pour une chienne, on nous l'a assez répété. Il y a une prédisposition féminine au masochisme, elle ne vient pas de nos hormones, ni du temps des cavernes, mais d'un système culturel précis, et elle n'est pas sans implications dérangeantes dans l'exercice que nous pouvons faire de nos indépendances. Voluptueuse et excitante, elle est aussi handicapante : être attirée par ce qui détruit nous écarte toujours du pouvoir.

Dans le cas précis du viol, elle pose le problème du sentiment de culpabilité : puisque je l'ai souvent fantasmé, je suis coresponsable de mon agression. Pour ne rien arranger, de ce genre de fantasmes on ne parle pas. Surtout si on a été violée. Nous sommes probablement nombreuses dans ce même cas, à avoir enduré le viol, en étant préalablement familières des fantasmes de ce type. Pourtant, sur la question, il n'y a que du silence, car ce qui est indicible peut saper sans entraves.

Quand le garçon se retourne et déclare « fini de rire » en me collant la première beigne, ça n'est pas la pénétration qui me terrorise, mais l'idée qu'ils vont nous tuer. Pour qu'ensuite on ne puisse pas parler. Ni porter plainte, ni témoigner. À leur place, somme toute, c'est ce que j'aurais fait. De la peur de la mort, je me souviens précisément. Cette sensation blanche, une éternité, ne plus rien être, déjà plus rien. Ça se rapproche davantage d'un trauma de guerre que du trauma du viol, tel que je le lis dans les livres. C'est la possibilité de la mort, la proximité de la mort, la soumission à la haine déshumanisée des autres, qui rend cette nuit indélébile. Pour moi, le viol, avant tout, a cette particularité : il est obsédant. J'y reviens, tout le temps. Depuis vingt ans, chaque fois que je crois en avoir fini avec ça, j'y reviens. Pour en dire des choses différentes, contradictoires. Romans, nouvelles, chansons, films. J'imagine toujours pouvoir un jour en finir avec ça. Liquider l'événement, le vider, l'épuiser.

Impossible. Il est fondateur. De ce que je suis en tant qu'écrivain, en tant que femme qui n'en est plus tout à fait une. C'est en même temps ce qui me défigure, et ce qui me constitue.

« Le paradigme service féminin / compensation masculine correspond à un échange social inégal – échange que j'ai proposé d'appeler "prostitutionnel" afin de rendre plus explicites les bases matérielles concrètes des conventions hétérosexuelles. Qu'elles soient publiquement consacrées par la cérémonie du mariage ou clandestinement négociées dans l'industrie du sexe, les relations hétérosexuelles sont socialement et psychologiquement façonnées par le postulat du droit des hommes au travail des femmes. Même ceux qui dénoncent le dénigrement et les violences faites aux femmes par les hommes mettent rarement en question les prérogatives des hommes dans les domaines sexuel, domestique et reproductif. »

Gail PHETERSON, *Le Prisme de la prostitution*, 1996.

COUCHER AVEC L'ENNEMI

Faire ce qui ne se fait pas : demander de l'argent pour ce qui doit rester gratuit. La décision n'appartient pas à la femme adulte, le collectif impose ses lois. Les prostituées forment l'unique prolétariat dont la condition émeut autant la bourgeoisie. Au point que souvent des femmes qui n'ont jamais manqué de rien sont convaincues de cette évidence : ça ne doit pas être légalisé. Les types de travaux que les femmes non nanties exercent, les salaires misérables pour lesquels elles vendent leur temps n'intéressent personne. C'est leur lot de femmes nées pauvres, on s'y habitue sans problème. Dormir dehors à quarante ans n'est interdit par aucune législation. La clochardisation est une dégradation tolérable. Le travail en est une autre. Alors que, vendre du sexe, ça concerne tout le monde et les femmes « respectables » ont leur mot à dire. Depuis dix ans, ça m'est souvent arrivé d'être dans un beau salon, en compagnie de dames qui ont toujours été entretenues via le contrat marital, souvent des femmes divorcées qui avaient obtenu des pensions dignes de ce nom, et qui sans l'ombre d'un doute m'expliquent, à moi, que la prostitution est en soi une chose mauvaise pour les femmes. Elles savent intuitivement, que ce travail-là est plus dégradant qu'un autre. Intrinsèquement. Non pas : pratiqué dans des circonstances bien particulières, mais : en soi. L'affirmation est catégorique, rarement assortie de nuances, telles que « si les filles ne sont pas consentantes », ou « quand elles ne touchent pas un centime sur ce qu'elles font », ou « quand elles sont obligées d'aller travailler dehors aux périphéries des villes ». Qu'elles soient putes de luxe, occasionnelles, au trottoir, vieilles, jeunes, douées, dominatrices, tox ou mères de famille ne fait a priori aucune différence. Échanger un service sexuel contre de l'argent, même dans de bonnes conditions, même de son plein gré, est une atteinte à la dignité de la femme. Preuve en est : si elles avaient le choix, les prostituées ne le feraient pas. Tu parles d'une rhétorique... comme si l'épileuse de chez Yves Rocher étalait de la cire ou perçait des points noirs par pure vocation esthétique. La plupart des gens qui travaillent s'en passeraient s'ils le pouvaient, quelle blague ! N'empêche que dans certains milieux, on répète à l'envi que le problème n'est pas de sortir la prostitution de la périphérie des villes où les prostituées sont exposées à toutes les agressions (conditions dans lesquelles même vendre du pain relèverait du sport extrême), ni d'obtenir des cadres légaux tels qu'ils sont réclamés par les travailleuses sexuelles, mais d'interdire la prostitution. Difficile de ne pas penser que ce que les femmes respectables ne disent pas, quand elles se préoccupent du sort des putes, c'est qu'au fond elles en craignent la concurrence. Déloyale, car trop adéquate et directe. Si la prostituée exerce son commerce dans des conditions décentes, les mêmes que l'esthéticienne ou la psychiatre, si son activité est débarrassée de toutes les pressions légales qu'elle connaît actuellement, la position de femme mariée devient brusquement moins attrayante. Car si le contrat prostitutionnel se banalise, le contrat marital apparaît plus clairement comme ce qu'il est : un marché où la femme s'engage à effectuer un certain nombre de corvées assurant le confort de l'homme à des tarifs défiant toute concurrence. Notamment les tâches sexuelles.

Je l'ai dit publiquement à plusieurs reprises, dans des interviews, je me suis prostituée, de façon occasionnelle, pendant deux ans environ. Depuis que j'ai commencé l'écriture de ce livre, je bute toujours sur ce chapitre. Je ne m'y attendais pas. C'est plusieurs réticences mixées. Raconter mon expérience. C'est difficile. Entrer dans le tapin, à l'époque, l'était beaucoup moins.

En 91, l'idée de me prostituer m'est venue par le minitel. Tous les outils de communication modernes servent d'abord au commerce du sexe. Le minitel, cet avant-goût du net, a permis à toute une génération de filles de se prostituer occasionnellement dans des conditions assez idéales d'anonymat, de choix du client, de discussions de prix, d'autonomie. Ceux qui cherchaient à payer pour du sexe et celles qui voulaient en vendre pouvaient se contacter facilement, se mettre d'accord sur les modalités. Les hôtels payables par carte bleue achevaient de rendre le deal facile à conclure : les chambres étaient clean, à prix modéré, et on ne croisait personne à l'entrée. Le premier boulot que j'ai fait sur minitel, en 89, consistait justement à surveiller un serveur, j'étais payée pour déconnecter tous les intervenants tenant un discours raciste ou antisémite, mais aussi les pédophiles et, enfin, les prostituées. On s'assurait que cet outil ne serve pas aux femmes qui voulaient disposer librement de leur corps pour en tirer de l'argent, ni aux hommes qui pouvaient payer et désiraient demander clairement ce qu'ils cherchaient, sans passer par la case baratin pour l'obtenir. Car la prostitution ne doit pas se banaliser, ni s'exercer dans des conditions confortables.

1991, première guerre du Golfe, retransmise sur petit écran, scuds sur Bagdad, single de Noir Désir en rotation intense, « Aux Sombres Héros », le Professor Griff est évincé de Public Enemy, Neneh Cherry porte des caleçons moulants et des baskets énormes. Moi, je m'habille le plus unisexe possible, c'est-à-dire plutôt en garçon. Je n'ai aucun maquillage, ni coupe de cheveux identifiable, ni bijoux, ni chaussures de filles. Je ne me sens pas concernée par les attributs féminins classiques. J'ai d'autres choses en tête.

Je travaille dans un supermarché, au développement des photos en une heure. J'ai 22 ans. Je n'ai a priori pas le profil pour bifurquer dans le sex-business. En tout cas, je n'ai vraiment pas le look. D'ailleurs, deux ans auparavant, quand j'étais surveillante sur des réseaux minitel, et que je voyais des « hommes généreux » proposer mille francs pour une passe, je croyais à un piège : qu'ils proposaient si cher pour attirer de pauvres filles chez eux et leur faire tout un tas d'horreurs avant de les lancer nues et ensanglantées dans le fossé le plus proche. Lecture d'Ellroy, quelques films sur grand écran, la culture dominante fait toujours passer son message : méfiez-vous, les filles, on vous aime beaucoup en cadavres. À la longue, j'avais fini par admettre que des hommes payaient effectivement mille francs le rencard, j'en avais déduit que les meufs en question étaient des mégabombasses insensées.

Je détestais travailler. J'étais déprimée du temps que ça me prenait, du peu que je gagnais et de la facilité avec laquelle je le dépensais. Je regardais les femmes plus vieilles que moi, toute une vie à bosser comme ça, pour gagner des SMIC à peine améliorés et à cinquante balais se faire engueuler par le chef de rayon parce qu'on sort trop souvent pisser. Mois après mois, je comprenais dans le détail ce que ça voulait dire, une vie d'honnête travailleuse. Et je ne voyais pas d'échappatoire possible. Il fallait être contente d'avoir un job, déjà à l'époque. Je n'ai jamais été raisonnable, j'avais du mal à être contente.

Sur l'ordinateur avec lequel on facturait les pochettes photos, on pouvait aller sur minitel, et je m'y connectais souvent, pour discuter avec un amant blond, un garçon de Paris, qui travaillait comme « animatrice » sur un serveur. J'avais l'habitude des conversations minitel, j'en engageais avec plein de gens, au passage. Il y a eu une conversation plus excitante qu'une autre, avec un monsieur convaincant. Le premier rendez-vous que j'ai pris, c'était avec lui. Je me souviens de sa voix, qu'elle était chaude et excitante, que je me disais que j'avais envie d'aller voir à quoi il ressemblait, que je l'aurais fait gracieusement, que ça m'affolait grave. Je n'y suis pas allée, finalement. Je m'étais préparée, j'étais à côté, je me suis dégonflée, au tout dernier moment. Trop peur. Trop loin de moi. Pas dans ma vie. Les filles qui « faisaient ça » avaient sûrement reçu une sorte de consigne, un message émanant d'une autre dimension. Je croyais qu'on ne s'improvisait pas tapin, qu'il y avait une initiation précise dont le protocole m'échappait. Mais, l'appât du gain, mêlé à la curiosité, à l'impératif de trouver comment me permettre de me faire virer de ce supermarché, et aussi qu'en y allant voir j'apprendrais quelque chose d'important... J'ai repris rendez-vous quelques jours après, avec un autre homme, pas très sexy, celui-là. Juste un client, un vrai.

La première fois que je sors en jupe courte et en talons hauts. La révolution tient à quelques accessoires. La seule sensation comparable, depuis, a été mon premier passage télé, sur Canal Plus, pour *Baise-moi*. Vous n'avez rien changé, mais quelque chose au-dehors a bougé et plus rien n'est comme avant. Ni les femmes, ni les hommes. Sans que vous soyez bien sûre d'aimer ce changement, d'en comprendre toutes les conséquences. Les Américaines, quand elles témoignent de leurs expériences de « travailleuses du sexe », aiment à employer le terme « empowerment », une montée de puissance. J'ai tout de suite aimé l'impact que ça me donnait sur la population masculine, avec le côté exagéré, limite grosse farce, changement de statut notoire. J'étais jusqu'alors une meuf quasiment transparente, cheveux courts et baskets sales, brusquement je devenais une créature du vice. Trop classe. Ça faisait penser à Wonder Woman qui tournicote dans sa cabine téléphonique et en ressort en superhéroïne, toute cette affaire, c'était marrant. Mais j'ai aussi tout de suite craint cette importance, justement, qui dépassait mon entendement, mon contrôle. L'effet que ça faisait à beaucoup d'hommes était quasiment hypnotique. Entrer dans les magasins, dans le métro, traverser une rue, s'asseoir dans un bar. Partout, attirer les regards d'affamés, être incroyablement présente. Détentrice d'un trésor furieusement convoité, mon entrecuisse, mes seins, l'accès à mon corps prenait une importance extrême. Et il n'y a pas que les obsédés à qui ça faisait cet effet. Ça intéresse presque tout le monde, une femme qui prend l'allure d'une pute. J'étais devenue un jouet géant. En tout cas, une chose était sûre : je pouvais faire le boulot.

Finalement, aucun besoin d'être une mégabombasse, ni de connaître des secrets techniques insensés pour devenir une femme fatale... il suffisait de jouer le jeu. De la féminité. Et personne ne pouvait débarquer « attention c'est une imposture », puisque je n'en étais pas une, pas plus qu'une autre. Ce processus m'a fascinée, au début. Moi qui m'étais toujours contrefoutue des trucs de filles, je me suis passionnée pour les talons aiguilles, la lingerie fine et les tailleurs. Je me souviens de ma propre perplexité, les premiers mois, quand je me voyais dans les vitrines. C'est vrai que ça n'était plus seulement moi, cette grande pute à jambes allongées par les talons hauts. La fille timide, épaisse, masculine, disparaissait en un clin d'œil. Même ce qui était masculin en moi, comme ma manière d'avancer supervite et avec assurance, devenait des attributs d'hyperféminité, une fois la tenue endossée. Ça m'a plu, dans un premier temps, de devenir cette autre fille-là. Comme de faire un voyage. Sur place, mais dans une autre dimension. Immédiatement, dès le costume d'hyperféminité enfilé : changement d'assurance, comme après une ligne de coke. Ensuite, comme la coke : c'est devenu plus compliqué à gérer.

Entre-temps, j'avais pris mon courage à deux mains, fait mon premier client, à domicile, un bonhomme, la soixantaine, qui fumait des brunes à la chaîne et parlait beaucoup pendant le sexe. Il semblait seul, et je l'avais trouvé étonnamment gentil. Je ne sais pas si j'ai l'air gourde ou douce ou au contraire trop imposante, ou si simplement j'ai eu de la chance, mais par la suite ça s'est confirmé : les clients étaient plutôt affables avec moi, attentifs, tendres. Beaucoup plus que dans la vraie vie, en fait. Si mes souvenirs sont justes, et je crois qu'ils le sont, ça n'était pas leur agressivité qui était difficile à côtoyer, ni leur mépris, ni rien de ce qu'ils aimaient, mais plutôt leurs solitudes, leurs tristesses, leurs peaux blanches, leur timidité malheureuse, ce qu'ils montraient de faille, sans fards, ce qu'ils montraient de leurs faiblesses. Leur vieillesse, leur envie de chair fraîche contre leurs corps de vieux. Leurs gros bides, petites bites, fesses flasques ou dents trop jaunes. C'était leur fragilité qui rendait le truc compliqué. Ceux qu'on pouvait mépriser ou haïr, finalement, étaient ceux avec qui on pouvait le faire en restant bien fermées. Prendre le maximum de thunes, minimum de temps, et ne plus y penser, du tout, après coup. Mais, dans ma petite expérience, les clients étaient lourds d'humanité, de fragilité, de détresse. Et ça restait, ensuite, collé comme un remords.

Du coup, d'un point de vue physique : toucher la peau de l'autre, mettre la sienne à disposition, ouvrir ses cuisses, son ventre, son corps entier à l'odeur de l'étranger, l'écœurement corporel à surmonter ne me posait pas de problème. C'était affaire de charité, même tarifée. Ça se voyait tellement que c'était important pour le client, qu'on fasse semblant de ne pas être dégoûtée de ses goûts, ou surprise de ses

tares physiques, que c'était valorisant de le faire, finalement.

Découvrir un monde entièrement neuf, où l'argent
changeait de valeur. Le monde des femmes qui jouent
le jeu. Ce qu'on ramenait en quarante heures de trime
ingrate était offert pour moins de deux heures. Évidemment, il faut compter en plus le temps de pré-
paration, épilation, teinture, manucure, achats de
vêtements, maquillage, et le coût des bas, de la lingerie, des trucs vinyle. Mais, quand même, ça restait
du luxe, comme conditions de travail. Les hommes
qui peuvent se le permettre aiment souvent payer
pour les femmes. C'est ce que j'en ai compris. Certains aiment fréquenter les putes dans le rituel strict,
argent liquide de la main à la main et scénario exact
du rapport préalable. D'autres préfèrent que ça
prenne plus la forme d'une liaison, ils appellent ça
libertinage, demandent qu'on amène des factures ou
qu'on dise ce qu'on veut comme cadeau, concret. Une
façon de jouer au papa, en fait.

« Soulignons que celles ou ceux qui demandent de
l'argent en échange de services sexuels sont définis
de par leur activité comme "prostitués", un statut
illégitime, voire illégal, alors que ceux qui paient pour
le sexe sont rarement distingués de la population masculine générale », écrit Gail Pheterson dans *Le Prisme
de la prostitution*. Dire qu'on a « fait des clients »,
c'est se mettre à l'écart, et se soumettre aux fantasmes
les plus divers. Rien d'anodin. Dire qu'on va aux
putes, c'est différent. Ça ne fait pas d'un homme un

homme à part, ne le marque pas dans sa sexualité, ne le prédéfinit en rien. On s'attend à ce que les clients des prostituées constituent une population diverse, par ses motivations et fonctionnements, ses catégories sociales, raciales, d'âges, de cultures. Les femmes qui font le travail sont immédiatement stigmatisées, elles appartiennent à une catégorie unique : victimes. En France, la plupart refusent de témoigner à visage découvert, parce qu'elles savent que ça ne s'assume pas. Il faut garder le silence. Toujours la même mécanique. On exige qu'elles soient salies. Et si elles ne filent pas droit dans le discours en venant se plaindre du mal qu'on leur a fait, et raconter comment elles y ont été contraintes, on s'occupera de leur cas. On n'a pas peur qu'elles n'y survivent pas, au contraire : on a peur qu'elles viennent dire que ça n'est pas si terrifiant, comme boulot. Et pas seulement parce que tout travail est dégradant, difficile et exigeant. Mais aussi parce que beaucoup d'hommes ne sont jamais aussi aimables que quand ils sont avec une pute.

Je pense avoir rencontré une cinquantaine de clients différents, en deux ans. Chaque fois que j'avais besoin d'argent liquide, j'allais sur minitel, sur un serveur lyonnais. En dix minutes de connexion, je relevais plusieurs numéros de téléphone d'hommes, cherchant un rendez-vous le jour même. C'était souvent des types en déplacement professionnel. À Lyon, il y avait davantage de clients que de filles, ce qui facilitait la sélection et rendait le travail plus agréable.

Quand j'en ai parlé avec ceux qui « venaient » souvent, ils disaient trouver ce qu'ils cherchaient assez
rapidement. Si les clients étaient nombreux et vite
satisfaits, c'est que nous étions nombreuses à proposer nos services. La prostitution occasionnelle n'a
donc rien d'extraordinaire. Ce qui fait exception dans
mon cas, c'est que j'en parle. Ce boulot, qui peut se
pratiquer dans le plus grand secret, n'est jamais qu'un
job bien payé, pour une femme pas ou peu qualifiée.

Quand j'ai travaillé dans des salons de massages
« érotiques », et dans quelques peep-shows parisiens,
les temps d'attente entre les clients donnaient l'occasion de discuter avec les autres. J'y ai rencontré des
filles aux profils les plus divers, et les moins attendus
dans la conscience collective pour « ce type de travail ». La première fois que j'ai été embauchée dans
un salon de massages, je venais d'un milieu d'extrême
gauche, où j'avais toujours entendu dire, et cru, que
les filles qui se prostituaient étaient des victimes,
inconscientes ou manipulées, de toute façon acculées.
La réalité de terrain est très différente. La fille qui
m'a ouvert la porte était une Black stupéfiante, une
des plus belles filles que j'aie vues de près. Difficile
de la plaindre ou de s'apitoyer sur cette créature.
Ensuite, je l'ai mieux connue, elle était un peu plus
jeune que moi, bien mieux intégrée socialement, avait
déjà travaillé plusieurs années comme esthéticienne,
s'était fiancée à un type qu'elle adorait, elle avait
beaucoup d'humour et très bon goût en musique. Je
l'ai trouvée solide, travailleuse, décidée. Lucide et

bien en place, comparée à moi, ou aux filles que je connaissais. Rien à voir avec l'image que je me faisais des professionnelles. Très demandée, elle gagnait une fortune tous les jours, sommes en liquide qu'elle économisait consciencieusement. En même temps que moi, dans ce salon, une petite brune a été engagée, qui revenait de Yougoslavie, où elle avait passé six mois à faire de l'humanitaire. Elle était diplômée d'une école de commerce, et s'était trouvée désorientée au moment de chercher un « boulot » normal. Elle avait essayé les salons par hasard. Elle disait à son petit ami qu'elle était secrétaire dans une grosse boîte. Elle ne pensait pas faire ça longtemps. On avait de longues conversations sur l'étrangeté de ce boulot, qui nous fascinait l'une et l'autre.

Le seul point commun que j'ai pu trouver entre toutes les filles que j'ai croisées, c'était bien sûr le manque d'argent, mais surtout qu'elles ne parlaient pas de ce qu'elles faisaient. Secrets de femmes. Ni aux amis, ni à la famille, ni aux petits copains ou aux maris. Je crois que la plupart d'entre elles ont fait exactement comme moi : ce type de boulot, quelques fois, quelque temps, et puis tout à fait autre chose.

Les gens aiment prendre des têtes d'incrédules quand on leur annonce qu'on a travaillé comme tapin, mais c'est comme pour le viol : une vaste hypocrisie. Si un recensement était possible, on serait stupéfaits de connaître le vrai chiffre des filles qui ont déjà vendu du sexe à des inconnus. Hypocritement, car dans notre culture, de la séduction à la prostitution la limite est floue, et au fond tout le monde en est conscient.

Toute la première année, j'ai vraiment bien aimé ce travail. Parce que l'argent y était plus facile qu'ailleurs, mais aussi parce qu'il m'a permis d'expérimenter, sans me poser de questions, et en évitant toute considération morale, à peu près tout ce qui m'intriguait, m'excitait, me troublait ou me fascinait. Ainsi que d'autres choses auxquelles je n'aurais pas spontanément pensé, et que je n'aurais pas toujours aimé qu'on me demande dans l'intimité, mais qui étaient intéressantes à pratiquer une fois. Je n'ai compris le confort de ma position qu'après avoir arrêté. Quand, devenue Virginie Despentes, je suis allée faire un tour en boîte à partouzes. J'ai réalisé combien il aurait été plus facile de le faire en tant que pute accompagnant quelqu'un. Pas de prise de tête : j'y vais parce que c'est mon job, je fais ce qui ne se fait pas, je suis payée pour ça. C'est punk-rock. Sans le motif de l'argent, tout se compliquait : est-ce que j'y allais pour accompagner un producteur, ou seulement pour mon bon plaisir ? Est-ce que je faisais des choses là-bas parce que j'étais trop bourrée, ou parce que vraiment ça m'excitait ? Est-ce que j'avais le courage ne serait-ce que de savoir ce que je ressentais les lendemains ? Bénévole et ludique, ma sexualité m'est apparue infiniment plus confuse. Je suis une fille, le domaine du sexe hors couple ne m'appartient pas. La prostitution occasionnelle, avec l'option sélection de clients et de types de scénario, est aussi une manière pour une femme d'aller faire un tour du côté du sexe sans sentiments, de faire des expériences, sans avoir à prétendre qu'elle le fait par plaisir pur, ni à en attendre des bénéfices sociaux collatéraux. Quand on est une pute, on sait ce qu'on est venue faire, pour combien, et tant mieux si par ailleurs on prend son pied ou on satisfait de la curiosité. Quand on est une femme libre de son choix, c'est beaucoup plus compliqué à gérer, moins léger, finalement.

J'ai d'autant plus apprécié mon nouveau travail, dans un premier temps, que tout le monde autour de moi me félicitait et se réjouissait de mon épanouissement. Une fille qui se féminise, ça occasionne plein de ravissements. C'est comme ça. Rares sont ceux qui m'ont demandé ce qui me prenait. Je l'ai dit plus tôt, je ne m'étais jamais intéressée auparavant aux « tenues de femmes », les porter m'a permis de comprendre deux, trois choses importantes sur les hommes. Quand on ne s'y attend pas, l'effet produit par les objets fétiches – porte-jarretelles, talons aiguilles, soutiens-gorge pigeonnants ou rouge à lèvres – ressemble à une vaste blague. On fait semblant de l'ignorer quand on plaint les femmes-objets, les bimbos à seins remodelés, toutes les chiennasses anorexiques et retapées de la télé. Mais la fragilité est surtout du côté des hommes. Comme si personne ne les avait prévenus que le Père Noël ne passera pas : dès qu'ils voient un manteau rouge ils courent en brandissant la liste des cadeaux qu'ils voudraient voir sous la cheminée. J'aime beaucoup, depuis, entendre les hommes pérorer sur la stupidité des femmes qui adorent le pouvoir, l'argent ou la célébrité : comme si c'était plus con que d'adorer des bas résille...

La prostitution a été une étape cruciale, dans mon cas, de reconstruction après le viol. Une entreprise de dédommagement, billet après billet, de ce qui m'avait été pris par la brutalité. Ce que je pouvais vendre, à chaque client, je l'avais donc gardé intact. Si je le vendais dix fois de suite, c'est que ça ne se brisait pas à l'usage. Ce sexe n'appartenait qu'à moi, ne perdait pas en valeur au fur et à mesure qu'il servait, et il pouvait être rentable. De nouveau, j'étais dans une situation d'ultraféminité, mais cette fois j'en tirais un bénéfice net.

Ce qui est difficile, encore aujourd'hui, ce n'est pas de l'avoir fait. Me concentrer sur mon passé pour écrire ce chapitre me confronte à de bons souvenirs. Des montées d'adrénaline, avant de sonner à une porte, et des montées d'adrénaline encore plus fortes, quand certaines séances démarraient. Niveau sexe, j'aimerais pouvoir dire autre chose, vu que dans le genre trash je n'ai plus grand intérêt à en rajouter, mais c'était très excitant, dans l'ensemble. Être une pute, c'était souvent le top, le désir était gratifiant. C'était aussi mes premières virées de shopping véritable, avec mon argent propre, des sommes en liquide comme je n'avais jamais rêvé en posséder, à claquer en une seule journée. Et en me les présentant sous un jour enfantin, plus fragiles, vulnérables, l'expérience m'a rendu les hommes sympathiques, moins impressionnants, plus attachants. Et accessibles, finalement. J'avais découvert une recette pour attirer plus d'attentions que je ne pouvais en gérer. Plus que ce que j'aurais cru, ça a diminué mon agressivité à leur endroit, qui, contrairement à ce qu'on croit, n'est pas très élevée. Ce qu'on veut m'empêcher d'être ou de faire me rend furieuse, pas ce qu'ils sont ou font.

C'est d'en parler qui est difficile. Ce que ça implique dans la tête des gens, face à qui je me retrouverai ensuite. La condescendance, le mépris, la familiarité, les conclusions déplacées.

Quand je suis arrivée à Paris, la pratique s'est compliquée. Beaucoup plus de filles, beaucoup plus de Blanches, venant de l'Est, très jolies, beaucoup plus de clients dangereux. Les serveurs minitel étaient toujours plus fliqués, difficile de faire la même sélection qu'auparavant. Je connaissais mal les quartiers où je me rendais. Et, si je cherchais à me rabattre sur des emplois type masseuse ou stripeuse, pour être encadrée, les pourcentages étaient ridicules, les locaux trop petits, l'offre toujours supérieure à la demande, rendant l'ambiance entre les filles merdique. Et je n'étais plus célibataire, donc début des mensonges, avec la sensation de ramener ma crasse à la maison. Perte d'équilibre.

Arrêter est difficile. Revenir à des boulots payés normalement, où on est traitée normalement, en salariée. Se lever le matin, devoir y passer tout son temps. De toute façon, j'avais beau me proposer partout, je ne trouvais aucun boulot. Il a fallu attendre de rencontrer quelqu'un qui connaissait quelqu'un chez Virgin pour que je puisse y être vendeuse pendant quelques mois. Bosser au SMIC était devenu un genre de luxe. Le marché s'était encore durci, et moi j'avais vieilli, entre-temps, avec des vides suspects dans mon CV. La réadaptation ne coulait vraiment pas de source. Le seul travail stable que j'ai trouvé consistait à chroniquer des films X pour un éditeur de titres de charme. Ça ne payait pas un loyer à Paris. J'ai gardé des enfants, au moins je ne m'ennuyais pas du tout en faisant ça, mais ça ne suffisait pas non plus pour vivre à la capitale.

Il y a une comparaison possible, entre la drogue dure et le tapin. Ça commence bien : sensation de pouvoirs faciles (sur les hommes, sur l'argent), émotions fortes, découverte d'un soi-même plus intéressant, débarrassé du doute. Seulement c'est un soulagement traître, les effets secondaires sont pénibles, on continue en espérant retrouver les sensations du début, comme pour la came. Et quand on cherche à arrêter, les complications sont comparables : on y retourne une fois, une seule, et puis la semaine d'après, et au moindre problème, on allume son minitel pour une dernière fois. Et quand on commence à comprendre qu'on est en train d'y perdre plus de tranquillité qu'on n'en gagne, on recommence, quand même. Ce qui était une force fantastique qu'on maîtrisait déborde du cadre et se fait menaçante. Et ça devient son propre sabordage, qui est attirant dans l'affaire.

J'ai arrêté-repris comme ça quelque temps, puis je suis devenue Virginie Despentes. La partie promotionnelle de mon taf d'écrivain médiatisé m'a toujours frappée par ses ressemblances avec l'acte de se prostituer. Sauf que quand on dit « je suis une pute » on a tous les sauveurs de son côté, alors que si on dit « je passe à la télé », on a les jaloux contre soi. Mais le sentiment de ne pas tout à fait s'appartenir, de vendre ce qui est intime, de montrer ce qui est privé, est exactement le même.

Je ne fais toujours pas la différence nette, entre la prostitution et le travail salarié légal, entre la prostitution et la séduction féminine, entre le sexe tarifé et le sexe intéressé, entre ce que j'ai connu ces années-là et ce que j'ai vu les années suivantes. Ce que les femmes font de leurs corps, du moment qu'autour d'elles il y a des hommes qui ont du pouvoir et de l'argent, m'a semblé très proche, au final. Entre la féminité telle que vendue dans les magazines et celle de la pute, la nuance m'échappe toujours. Et, bien qu'elles ne donnent pas clairement leurs tarifs, j'ai l'impression d'avoir connu beaucoup de putes, depuis. Beaucoup de femmes que le sexe n'intéresse pas mais qui savent en tirer profit. Qui couchent avec des hommes vieux, laids, chiants, déprimants de

connerie, mais puissants socialement. Qui les épou-
sent et se battent pour obtenir le maximum d'argent
au moment du divorce. Qui trouvent normal d'être
entretenues, emmenées en voyage, gâtées. Qui voient
même ça comme une réussite. C'est triste d'entendre
des femmes parler d'amour comme d'un contrat économique implicite. Attendre des hommes qu'ils
paient pour coucher avec elles. Ça me semble aussi
glauque pour elles, qui renoncent à toute indépendance – au moins la pute, le client satisfait, peut aller
faire un tour tranquille –, que pour ces mecs dont la
sexualité n'est admise que s'ils ont les moyens de
raquer. C'est mon côté classe moyenne, il y a des
évidences que je peine à avaler, et je manque tout le
temps de subtilité. N'empêche que si je devais donner
conseil à une gosse, je lui dirais plutôt de faire les
choses clairement, et de garder son indépendance, si
elle veut tirer profit de ses charmes, plutôt que de se
faire épouser, maquer, engrosser et coincer par un
type qu'elle ne supporterait pas s'il ne l'emmenait pas
en voyage.

Les hommes imaginent volontiers que ce que les
femmes préfèrent, c'est de les séduire et de les trou-
bler. C'est de la pure projection homosexuelle : s'ils
étaient de sexe féminin, ce qu'ils trouveraient formidable, c'est de pouvoir exciter d'autres hommes. OK,
c'est vrai, c'est agréable de leur faire perdre la tête à
base de décolletés et lèvres en rouge. On peut aussi
aimer porter le costume de Mickey pour distraire les
enfants, mais on peut aimer d'autres choses. Par

exemple, on peut avoir envie de ne pas travailler chez Disney. Séduire est à la portée de beaucoup de jeunes femmes, du moment qu'elles acceptent de jouer le jeu, puisqu'il s'agit notamment de venir rassurer les hommes, sur leur virilité, en jouant le jeu de la féminité. En tirer profit personnel exige un profil précis, des qualités plus rares. Nous ne sommes pas toutes issues des classes sociales supérieures, nous ne sommes pas toutes entraînées pour tirer des hommes un maximum d'argent. Et, là encore, certaines d'entre nous préfèrent l'argent qu'elles gagnent directement. Contrairement à l'idée que beaucoup d'hommes se font, toutes les femmes n'ont pas une âme de courtisane. Certaines, par exemple, ont le goût du pouvoir direct, celui qui permet d'arriver quelque part justement sans avoir à sourire à trois vieux machins en espérant qu'ils vous feront engager comme ceci, ou vous confieront cela. Le pouvoir qui permet d'être désagréable, d'exiger, d'être tranchante. Pas plus vulgaire exercé par une femme que par un homme. Nous sommes censées, en raison de notre sexe, renoncer à ce genre de plaisir. C'est beaucoup nous demander. On rencontre peu de Sharon Stone, dans la vraie vie. Et beaucoup de coked out ravissantes, plus que paumées dans leurs belles robes. Les hommes adorent les jolies femmes, leur faire la cour et fanfaronner quand ils en mettent une dans leur lit. Mais ce qu'ils aiment le plus, en vérité, c'est les regarder se casser la gueule et faire semblant de les plaindre, ou s'en réjouir directement. Preuve en est leur jubilation crasse quand ils voient vieillir celles qu'ils n'ont pas pu obtenir, ou celles qui les ont fait souffrir. Quoi de plus rapide et prévisible que la chute d'une femme qui a été belle ? Pas besoin d'être très patient pour obtenir sa revanche.

« Ce qui est irrecevable n'est pas qu'une femme soit matériellement gratifiée de ce qu'elle satisfait le désir d'un homme. C'est qu'elle le demande explicitement », écrit Pheterson.

Comme le travail domestique, l'éducation des enfants, le service sexuel féminin doit être bénévole. L'argent, c'est l'indépendance. Ce qui gêne la morale dans le sexe tarifé n'est pas que la femme n'y trouve pas de plaisir, mais bien qu'elle s'éloigne du foyer et gagne son propre argent. La pute, c'est « l'asphalteuse », celle qui s'approprie la ville. Elle travaille hors le domestique et la maternité, hors la cellule familiale. Les hommes n'ont pas besoin de lui mentir, ni elle de les tromper, elle risque donc de devenir leur complice. Les femmes et les hommes, traditionnellement, n'ont pas à se comprendre, s'entendre et pratiquer la vérité entre eux. Visiblement, cette éventualité fait peur.

Dans les médias français, articles documentaires et reportages radio, la prostitution sur laquelle on focalise est toujours la plus sordide, la prostitution de rue qui exploite des filles sans papiers. Pour son côté spectaculaire évident : un peu d'injustice médiévale dans nos périphéries, ça fait toujours de belles images.

Et on aime colporter des histoires de femmes abusées, qui signalent à toutes les autres qu'elles l'ont échappé belle. Et aussi parce que celles et ceux qui travaillent dehors ne peuvent mentir sur leur activité, comme le font celles et ceux qui pratiquent via internet. On va chercher le plus sordide, on le trouve sans trop de difficulté, puisque justement c'est la prostitution qui n'a pas les moyens de se soustraire aux regards de tous. Filles privées de papiers, de consentement, travaillant à l'abattage, dressées par les viols, crackées, portraits de filles perdues. Plus c'est glauque, plus l'homme se sent fort, en comparaison. Plus c'est sordide, plus le peuple français se juge émancipé. Puis, partant des images inacceptables d'une prostitution pratiquée dans des conditions dégueulasses, on tire les conclusions sur le sexe tarifé dans son ensemble. C'est aussi pertinent que de parler du travail du textile en ne montrant que des enfants embauchés au noir dans des caves. Mais ce n'est pas grave, ce qui compte, c'est de colporter une seule idée : aucune femme ne doit tirer bénéfice de ses services sexuels hors le mariage. En aucun cas elle n'est assez adulte pour décider de faire commerce de ses charmes. Elle préfère forcément faire un métier honnête. Qui est jugé honnête par les instances morales. Et non dégradant. Puisque le sexe pour les femmes, hors l'amour, c'est toujours dégradant.

Cette image précise de la prostituée, qu'on aime tant exhiber, déchue de tous ses droits, privée de son autonomie, de son pouvoir de décision, a plusieurs fonctions. Notamment : montrer aux hommes qui ont envie d'aller se faire une pute jusqu'où ils devront descendre s'ils veulent le faire. Eux aussi sont ainsi ramenés dans le mariage, direction cellule familiale : tout le monde à la maison. C'est également une façon de leur rappeler que leur sexualité est forcément monstrueuse, fait des victimes, détruit des vies. Car la sexualité masculine doit rester criminalisée, dangereuse, asociale et menaçante. Ça n'est pas une vérité en soi, c'est une construction culturelle. Quand on empêche les putes de travailler dans des conditions décentes, c'est évidemment aux femmes qu'on s'en prend, mais c'est aussi la sexualité des hommes qu'on contrôle. Que tirer un coup tranquille quand ils en ont envie ne soit pas chose trop agréable et facile. Que leur sexualité reste un problème. Double contrainte, ici aussi : dans la ville toutes les images excitent le désir, mais le soulagement doit rester problématique, culpabilisant.

La décision politique qui consiste à victimiser les prostituées remplit aussi cette fonction : marquer le désir masculin, le confiner dans son ignominie. Qu'il jouisse en payant s'il le veut, mais alors qu'il côtoie la pourriture, la honte, la misère. Le pacte de prostitution « je te paye tu me satisfais » est la base du rapport hétérosexuel. Prétendre comme on le fait que ce rapport est étranger à notre culture est une hypocrisie. Au contraire, le rapport entre le client mâle hétérosexuel et la pute est un contrat intersexe sain et clair. C'est pourquoi il faut le compliquer de manière artificielle.

Quand les lois Sarkozy repoussent les prostituées de rue en dehors de la ville, les contraignent à travailler dans les bois au-delà des périphériques, soumises aux caprices des flics et des clients (le symbolique de la forêt est intéressant : la sexualité doit sortir physiquement des domaines du visible, du conscient, de l'éclairé), il ne s'agit pas d'une décision politique allant dans le sens de la morale. La question n'est pas seulement de cacher aux yeux des riverains des centres-ville, aux plus riches d'entre nous, cette population pauvre. Passant par le corps de la femme, outil décidément essentiel à l'élaboration politique de la mystique virile, le gouvernement décide de déporter hors des villes le désir brut des hommes. Si les putes jusqu'alors s'installaient volontiers dans les quartiers huppés, c'est que les clients étaient là, s'arrêtant pour une pipe rapide avant de rentrer à la maison.

Dans son livre, Pheterson cite Freud : « Le courant tendre et le courant sensuel n'ont fusionné comme il convient que chez un très petit nombre des êtres civilisés ; presque toujours l'homme se sent limité dans son activité sexuelle par le respect pour la femme et ne développe sa pleine puissance que lorsqu'il est en présence d'un objet sexuel rabaissé, ce qui est aussi fondé, d'autre part, sur le fait qu'interviennent dans ses buts sexuels des composantes perverses qu'il ne se permet pas de satisfaire avec une femme qu'il respecte. »

La dichotomie mère-putain est tracée à la règle sur le corps des femmes, façon carte d'Afrique : ne tenant aucunement compte des réalités du terrain, mais uniquement des intérêts des occupants. Elle ne découle pas d'un processus « naturel », mais d'une volonté politique. Les femmes sont condamnées à être déchirées entre deux options incompatibles. Et les hommes sont coincés face à cette autre dichotomie : ce qui les fait bander doit rester un problème. Surtout, pas de réconciliation, c'est un impératif. Car les hommes ont ceci de très particulier, qu'ils tendent à mépriser ce qu'ils désirent, ainsi qu'à se mépriser pour la manifestation physique de ce désir. En désaccord fondamental avec eux-mêmes, ils bandent pour ce qui les rend honteux. En déportant la prostitution de rue, celle qui offre le soulagement le plus rapide, le corps social complique le soulagement des hommes.

Une phrase de client m'a marquée, répétée plusieurs fois, par des hommes différents, après des séances différentes les unes des autres. Ils me disaient, sur un ton doux et un peu triste, en tout cas résigné : « c'est à cause de mecs comme moi que des filles comme toi font ce qu'elles font. » C'était une façon de me réassigner à ma place de fille perdue, probablement parce que je ne donnais pas assez l'impression de souffrir de faire ce que je faisais. C'était aussi une phrase qui venait exprimer combien le huis clos du plaisir masculin est douloureux : ce que j'aime faire avec toi est forcément producteur de malheur. En tête à tête avec leur culpabilité. Nécessité de la honte de son propre plaisir, quand bien même il trouverait satisfaction dans un cadre non blessant, et satisfaisant également les deux parties. Le désir des hommes doit blesser les femmes, les flétrir. Et, en conséquence, culpabiliser les hommes. Ça n'est pas une fatalité, encore une fois, mais une construction politique. Les hommes actuellement ne donnent pas l'impression d'avoir l'intention de se libérer de ce genre de chaînes. Au contraire.

Je ne suis pas en train d'affirmer que dans n'importe quelles conditions et pour n'importe quelle femme ce type de travail est anodin. Mais le monde économique aujourd'hui étant ce qu'il est, c'est-à-dire une guerre froide et impitoyable, interdire l'exercice de la prostitution dans un cadre légal adéquat, c'est interdire spécifiquement à la classe féminine de s'enrichir, de tirer profit de sa propre stigmatisation.

Je ne pense pas que j'aurais un souvenir aussi positif de ces années de tapin occasionnel, sans la lecture des féministes américaines pro-sexe, Norma Jane Almodovar, Carole Queen, Scarlot Harlot, Margot St. James, par exemple. Qu'aucun de leurs textes ne soit traduit en français, que *Le Prisme de la prostitution* de Pheterson ne connaisse qu'une diffusion mineure, alors qu'il est un ouvrage incontournable, que le livre de Claire Carthonnet *J'ai des choses à vous dire* soit à peine lu, et ramené au statut de témoignage n'est pas un hasard. Le désert théorique auquel la France se condamne est une stratégie, il faut tenir la prostitution dans la honte et l'obscurité, pour protéger autant que possible la cellule familiale classique.

Je commence à faire des passes fin 91, j'écris *Baise-moi* en avril 92. Je ne crois pas qu'il s'agisse d'un hasard. Il y a un lien réel entre l'écriture et la prostitution. S'affranchir, faire ce qui ne se fait pas, livrer son intimité, s'exposer aux dangers du jugement de tous, accepter son exclusion du groupe. Plus particulièrement, en tant que femme : devenir une femme publique. Être lue par n'importe qui, parler de ce qui doit rester secret, être exhibée dans les journaux... En opposition évidente avec la place qui nous est traditionnellement assignée : femme privée, propriété, moitié, ombre d'homme. Devenir romancière, gagner de l'argent facilement, provoquer la répulsion autant que la fascination : la honte publique est comparable à celle de la pute. Soulager, tenir compagnie à ceux dont personne ne veut, partager les intimités d'inconnus, accepter sans jugement divers types de désirs. On rencontre beaucoup de prostituées dans les romans : Boule de suif, Nana, Sofya Semyonovna, Marguerite, Fantine... Elles sont des figures populaires, anti-mères, au sens religieux du terme, femmes sans jugement, compréhensives, d'accord avec le désir des hommes, damnées et affranchies. Quand les hommes se rêvent en femmes, ils s'imaginent plus volontiers en putes, exclues et libres de circuler, qu'en mères de famille soucieuses de la propreté du foyer. Souvent, les choses sont exactement le contraire de ce qu'on nous dit qu'elles sont, c'est bien pourquoi on nous les répète avec tant d'insistance et de brutalité. La figure de la pute en est un bon exemple : quand on affirme que la prostitution est une « violence faite aux femmes », on veut nous faire oublier que c'est le mariage qui est une violence faite aux femmes, et d'une manière générale, les choses telles que nous les endurons. Celles qu'on baise gratuitement doivent continuer de s'entendre dire qu'elles font le seul choix possible, sinon comment les tenir ? La sexualité masculine en elle-même ne constitue pas une violence sur les femmes, si elles sont consentantes et bien rémunérées. C'est le contrôle exercé sur nous qui est violent, cette faculté de décider à notre place ce qui est digne et ce qui ne l'est pas.

« La pornographie est comme un miroir dans lequel nous pouvons nous regarder. Quelquefois, ce que nous y trouvons n'est pas très joli à voir, et peut nous mettre très mal à l'aise. Mais quelle merveilleuse occasion de se connaître, d'approcher la vérité et d'apprendre.
La réponse au mauvais porno n'est pas d'interdire le porno, mais de faire de meilleurs films porno ! »

Annie SPRINKLE, *Hardcore from the Heart*, 2001.

PORNO SORCIÈRES

On se demande quand même ce qui se joue de si crucial dans le porno, qui confère au domaine du X un tel pouvoir blasphématoire. Qu'on nous montre une chatte épilée se faire pilonner par une grosse queue et nombre de nos contemporains serrent les fesses pour ne pas se signer. Certains répètent d'un air blasé : « ça n'a plus aucun intérêt », mais il suffit de faire cent mètres en ville à côté d'une fille du porno pour se convaincre du contraire. Ou d'aller sur internet pour lire la prose anti-porno. Ceux qui s'offusquent s'il s'agit d'interdire une caricature religieuse, « Nous ne sommes plus au Moyen Âge, c'est un comble », n'ont plus les idées aussi claires, s'il s'agit de clitoris et de couilles. Étonnants paradoxes du porno.

Les affirmations circulent, d'autant plus péremptoires qu'elles restent invérifiables. Le porno est ainsi pêle-mêle rendu responsable des viols collectifs, de la violence intersexe, des viols au Rwanda et en Bosnie. Il est même comparé aux chambres à gaz... Une seule chose en ressort clairement : filmer le sexe n'est pas anodin. Les articles et ouvrages consacrés au genre sont extraordinairement nombreux. Les études sérieuses le sont moins, on se donne rarement la peine d'enquêter sur les réactions des hommes qui consomment du porno. On préfère imaginer ce qu'ils ont dans le crâne que poser directement la question.

David Loftus, dans *Watching sex, how men really respond to pornography*, interroge justement cent personnes de sexe masculin, de profils divers, sur leurs réactions face au porno. Tous racontent avoir découvert le porno avant l'âge légal. Dans l'échantillon évoqué, aucun des hommes ne déclare en avoir été mortifié. Au contraire, la découverte du matériel pornographique s'associe chez eux à un souvenir agréable, constructif de la masculinité de diverses manières, soit ludique, soit excitant. Deux hommes font exception, tous deux homosexuels, qui racontent que la chose sur le coup a été difficile parce qu'ils savaient, confusément, être attirés par des hommes, mais sans l'avoir clairement formulé. La vision de matériel pornographique, dans les deux cas, les a obligés à identifier clairement leurs types d'attirance.

Cette expérience est selon moi une piste intéressante pour comprendre la violence du rejet volontiers fanatique, aux limites de la panique, dont le porno fait l'objet. Censure et interdiction sont réclamées à cor et à cri par des militants effarés, comme si leur vie en dépendait. Cette attitude est objectivement surprenante : est-ce qu'une levrette en gros plan menace la sûreté de l'État ? Les sites anti-porno sont plus nombreux et véhéments que les sites contre la guerre en Irak, par exemple. Étonnante vigueur à propos de ce qui n'est qu'un cinéma de genre.

Le problème que pose le porno, c'est d'abord qu'il tape dans l'angle mort de la raison. Il s'adresse directement aux centres des fantasmes, sans passer par la parole, ni par la réflexion. D'abord on bande ou on mouille, ensuite on peut se demander pourquoi. Les réflexes d'autocensure sont bousculés. L'image porno ne nous laisse pas le choix : voilà ce qui t'excite, voilà ce qui te fait réagir. Elle nous fait savoir où il faut appuyer pour nous déclencher. C'est là sa force majeure, sa dimension quasi mystique. Et c'est là que se raidissent et hurlent beaucoup de militants anti-porno. Ils refusent qu'on leur parle directement de leur propre désir, qu'on leur impose de savoir des choses sur eux-mêmes qu'ils ont choisi de taire et d'ignorer.

Le porno pose un vrai problème : il défoule le désir et lui propose un soulagement, trop rapidement pour permettre une sublimation. À ce titre, il a une fonction : la tension dans notre culture entre délire sexuel abusif (en ville, les signes en appelant au sexe nous envahissent littéralement le cerveau) et rejet exagéré de la réalité sexuelle (on ne vit pas dans une giga-partouze perpétuelle, les choses permises ou possibles sont même relativement restreintes). Le porno intervient ici comme défoulement psychique, pour équilibrer la différence de pression. Mais ce qui est excitant est souvent embarrassant, socialement. Rares sont ceux et celles qui ont envie d'assumer en plein jour ce qui les fait grimper aux rideaux, dans le privé. On n'a même pas forcément envie d'en parler avec nos partenaires sexuels. Domaine du privé, ce qui me fait mouiller. Car l'image que ça donne de moi est incompatible avec mon identité sociale quotidienne.

Nos fantaisies sexuelles parlent de nous, à la façon détournée des rêves. Elles ne disent rien sur ce que nous désirons voir arriver *de facto*.

Il est évident que beaucoup d'hommes hétéro-sexuels bandent à l'idée de se faire mettre par d'autres hommes, ou de se faire humilier, sodomiser par une femme, de la même façon qu'il est évident que beau-coup de femmes mouillent à l'idée de se faire violen-ter, gang banger ou baiser par d'autres filles. On peut également être gêné face au porno justement parce qu'il révèle qu'on est inexcitable alors qu'on se rêve en chaudasse insatiable. Ce qui nous excite, ou pas, provient de zones incontrôlées, obscures ; et rarement en accord avec ce qu'on désire être consciemment. C'est tout l'intérêt de ce cinéma de genre, si on aime lâcher prise et perdre connaissance, et c'est tout le danger de ce même cinéma, si justement on a peur de ne pas tout contrôler.

On demande trop souvent au porno d'être l'image du réel. Comme si ça n'était plus du cinéma. On reproche par exemple aux actrices de simuler le plaisir. Elles sont là pour ça, elles sont payées pour ça, elles ont appris à le faire. On ne demande pas à Britney Spears d'avoir envie de danser chaque soir qu'elle se produit sur scène. Elle est venue pour ça, on a payé pour voir, chacun fait son boulot et personne ne râle en sortant « je crois qu'elle a fait semblant ». Le porno devrait dire la vérité. Ce qu'on ne demande jamais au cinéma, technique de l'illusion par essence.

On demande précisément au X ce qu'on craint de lui : dire la vérité sur nos désirs. Je n'en sais rien, moi, du pourquoi c'est à ce point excitant de voir d'autres gens baiser en se disant des saloperies. Le fait est que ça marche. Mécanique. Le porno révèle crûment cet autre aspect de nous : le désir sexuel est une mécanique, guère compliquée à mettre en branle. Pourtant, ma libido est complexe, ce qu'elle dit de moi ne me fait pas forcément plaisir, ne cadre pas toujours avec ce que j'aimerais être. Mais je peux préférer le savoir, plutôt que tourner la tête et dire le contraire de ce que je sais de moi, pour préserver une image sociale rassurante.

Les détracteurs du genre se plaignent de la pauvreté du X, prétendent qu'il n'existe qu'un seul porno. Ils aiment faire circuler l'idée que le secteur n'est pas inventif. Ce qui est faux. Le secteur est divisé en sous-genres distincts : les films 35 mm des années 70 sont différents des films amateurs qu'amène la vidéo, qui est différente des vignettes des téléphones portables, des webcams et diverses prestations live sur le net. Porno chic, alt-porn, post-porn, gang bang, gonzo, SM, fétichistes, bondage, uro-scato, films à cible restreinte – femmes mûres, à grosses poitrines, à jolis pieds, à jolies fesses, films avec des trans, films gays, films lesbiens : chaque genre de porno a son cahier des charges, son histoire, son esthétique. De la même façon, le cinéma X allemand n'a pas les mêmes obsessions que les cinémas japonais, italien ou américain. Chaque partie du monde a ses spécificités pornographiques.

Ce qui écrit réellement l'histoire du X, ce qui l'invente, en donne la définition, c'est la censure. Et ce qu'on vient d'interdire de montrer va marquer chaque cinéma X, en faire un exercice intéressant de contournement.

Avec les aberrations et les contre-effets plus ou moins aliénants que cela suppose : en France, les chaînes du câble définissent ce qu'il est possible ou pas de montrer. Pas de scène de violence, pas de scène de soumission, par exemple. Faire du porno en faisant l'économie de la contrainte, c'est un peu comme faire du patinage sans les lames sous les chaussures. Bonne chance... Est également interdit l'usage d'objets : godes, godes-ceintures. Pas de porno lesbien, pas d'image d'homme se faisant mettre... Sous couvert de protéger la dignité des femmes.

Les femmes, on ne voit pas bien en quoi leur dignité serait spécialement attaquée par l'usage d'un gode-ceinture. On les sait suffisamment aguerries pour comprendre qu'une mise en scène SM n'indique pas qu'elles souhaitent se faire fouetter en arrivant au bureau, ni bâillonner quand elles font la vaisselle. En revanche, il suffit d'allumer sa télé pour voir des femmes dans des positions humiliantes. Les interdits sont ce qu'ils sont et ont leur justification politique (le SM doit rester un sport d'élite, le peuple est incapable d'en saisir la complexité, il se ferait mal). N'empêche qu'elle a bon dos, la « dignité » de la femme, chaque fois qu'il s'agit de limiter l'expression sexuelle...

Les conditions dans lesquelles travaillent les actrices, les contrats aberrants qu'elles signent, l'impossibilité qu'elles ont de contrôler leur image quand elles quittent le métier, ou d'être rétribuées quand on s'en sert, cette dimension de leur dignité n'intéresse pas les censeurs. Qu'il n'existe aucun centre de soins spécialisés où elles puissent se rendre pour obtenir les divers renseignements sur les spécificités très particulières de leur métier n'inquiète guère les pouvoirs publics. Il y a une dignité qui les préoccupe, et une autre dont tout le monde se fout. Mais le porno se fait avec de la chair humaine, de la chair d'actrice. Et au final, il ne pose qu'un seul problème moral : l'agressivité avec laquelle on traite les hardeuses.

On parle ici de femmes qui décident d'exercer ce métier lorsqu'elles ont entre 18 et 20 ans. C'est-à-dire cette période bien particulière où le terme

« conséquences à long terme » n'a guère plus de sens que du grec antique. Les hommes d'âge mûr n'ont pas honte d'entrer en séduction avec des filles à peine sorties de l'enfance, ils trouvent normal de se tripoter la nouille en regardant des culs à peine pubères. C'est leur problème d'adultes, ça les regarde, ils devraient en assumer les conséquences. Par exemple, en étant particulièrement attentifs et bienveillants avec les très jeunes filles qui acceptent de satisfaire leurs appétits. Eh bien, pas du tout : ils sont furieux de ce qu'elles aient pris la liberté de faire exactement ce qu'ils désiraient voir. Toute l'élégance et la cohérence masculines, résumées en une attitude : « Donne-moi ce que je veux, je t'en supplie, que je puisse ensuite te cracher à la gueule. »

La fille qui fait du porno le sait désormais en arrivant dans le métier, on le lui répète, qu'elle ne se fasse pas d'illusions : il n'y aura pas de reconversion. Décidément, les femmes, on les aime surtout en danger. Marquées, le collectif veille à ce qu'elles payent le prix fort pour être sorties du droit chemin, et pour l'avoir fait publiquement.

J'ai vu ça de près, en coréalisant *Baise-moi* avec Coralie Trinh Thi. Que sa plastique laisse les bonshommes songeurs, qu'ils en gardent un souvenir ému, pourquoi pas. Mais l'acharnement avec lequel ensuite on lui refusait le droit d'être capable d'autre chose mettait mal à l'aise. Si elle était coréalisatrice du film, ça ne pouvait être que par caprice de ma part. Qu'importe l'argument pourvu qu'en trente secondes son cas puisse être classé : illégitime. Elle ne pouvait avoir été une créature sulfureuse, et ensuite faire preuve d'inventivité, d'intelligence, de créativité. Les hommes ne voulaient pas voir l'objet du fantasme sortir du cadre particulier dans lequel ils la confinaient, les femmes se sentaient menacées par sa seule présence, inquiètes de l'effet que son statut provoquait chez les hommes. Les uns et les autres tombaient d'accord sur un point essentiel : il fallait lui ôter les mots de la bouche, lui couper la parole, l'empêcher de parler. Jusque dans les interviews, où ses réponses ont souvent été imprimées, mais m'étaient attribuées. Je ne focalise pas ici sur quelques cas isolés, mais sur des réactions quasi systématiques. Il fallait qu'elle disparaisse de l'espace public. Pour protéger la libido des hommes, qui aiment que l'objet du désir reste à sa place, c'est-à-dire désincarné, et surtout muet.

De la même façon qu'il est crucial pour le politique d'enfermer la représentation visuelle du sexe dans des ghettos délimités, clairement séparé du reste de l'industrie afin de cantonner le X dans un Lumpen Proletariat du spectacle, il est crucial d'enfermer les hardeuses dans la réprobation, la honte et la stigmatisation. Ce n'est pas qu'elles ne sont pas capables de faire autre chose, ni désireuses de le faire, c'est qu'il faut s'organiser pour s'assurer que ça ne leur soit pas possible.

Les filles qui touchent au sexe tarifié, qui tirent en restant autonomes un avantage concret de leur position de femelles, doivent être publiquement punies. Elles ont transgressé, n'ont joué ni le rôle de la bonne mère, ni celui de la bonne épouse, encore moins celui de la femme respectable – on ne peut guère s'en affranchir plus radicalement qu'en tournant un porno –, elles doivent donc être socialement exclues.

C'est la lutte des classes. Les dirigeants s'adressent à celles qui ont voulu s'en sortir, prendre d'assaut l'ascenseur social et le forcer à démarrer. Le message est politique, d'une classe à l'autre. La femme n'a d'autre perspective d'élévation sociale que le mariage, il faut qu'elle garde ça en tête. L'équivalent du X pour les hommes, c'est la boxe. Il faut qu'ils fassent montre d'agressivité et prennent le risque de démolir leurs corps pour divertir un peu les riches. Mais les boxeurs, même noirs, sont des hommes. Ils ont droit à cette minuscule marge de mobilité sociale. Pas les femmes.

Quand Valéry Giscard d'Estaing interdit le porno sur grand écran, dans les années 70, il ne le fait pas suite à un tollé populaire – les gens ne sont pas descendus en ville hurlant « on n'en peut plus » – ni en réponse à une augmentation des troubles sexuels. Il le fait parce que les films ont trop de succès : le peuple remplit les salles et découvre la notion de plaisir. Le Président protège le peuple français de son envie d'aller au cinéma voir des bons films de cul. Désormais, le X sera l'objet d'une censure économique assassine. Il n'y aura plus la possibilité de réaliser des films ambitieux, de filmer le sexe comme on

s'appliquera à filmer la guerre, l'amour romantique
ou les gangsters. Les frontières du ghetto sont des-
sinées, sans aucune justification politique. La morale
protégée est celle qui veut que seuls les dirigeants
fassent l'expérience d'une sexualité ludique. Le peuple, lui, va rester bien tranquille, trop de luxure
dérangerait sans doute son application au travail.

Ça n'est pas la pornographie qui émeut les élites,
c'est sa démocratisation. Quand *Le Nouvel Obs* titre
– en 2000, à propos de l'interdiction de *Baise-moi* –
« Pornographie, le droit de dire non », il ne s'agit pas
d'interdire aux gens de lettres l'accès aux écrits de
Sade, ni de fermer les colonnes du journal aux petites
annonces de lecteurs généreux et salaces, et personne
ne serait étonné de rencontrer ces virulents anti-
porno en compagnie de jeunes putes ou dans des
clubs échangistes. C'est le libre accès à ce qui doit
rester le domaine des privilégiés auquel *Le Nouvel
Obs* réclame le droit de dire non. La pornographie,
c'est le sexe mis en scène, cérémonial. Or, par un
tour de passe-passe conceptuel qui nous reste encore
opaque, ce qui est bon pour quelques-uns, ici nommé
libertinage, relèverait pour les masses d'un danger
dont il faudrait absolument les protéger.

Dans le discours anti-pornographique, on se perd
rapidement : au fait, qui est la victime ? Les femmes,
qui perdent toute dignité du moment qu'on les voit
sucer une bite ? Ou les hommes, trop faibles et
inaptes à maîtriser leur envie de voir du sexe, et de

comprendre qu'il s'agit uniquement d'une représentation ?

L'idée que la pornographie ne s'articule qu'autour du phallus est étonnante. Ce sont des corps de femmes que l'on voit. Et souvent des corps de femmes sublimés. Quoi de plus troublant qu'une hardeuse ? On n'est plus ici dans le domaine de la « bunny girl », la fille d'à côté, qui ne fait pas peur, qui est facile d'accès. La hardeuse, c'est l'affranchie, la femme fatale, celle qui attire tous les regards et provoque forcément un trouble, qu'il s'agisse de désir ou de rejet. Alors pourquoi plaint-on si volontiers ces femmes qui ont tous les attributs de la bombe sexuelle ?

Tabatha Cash, Coralie Trinh Thi, Karen Lancaume, Raffaela Anderson, Nina Roberts : ce qui m'a frappée en leur compagnie n'est pas que les hommes les traitaient comme des moins-que-rien, ni qu'ils dominaient la situation. Au contraire, je n'ai jamais vu les hommes aussi impressionnés. Si, comme ils l'affirment si bruyamment, rien n'est plus beau pour une femme que de faire rêver les hommes, pourquoi s'obstiner à plaindre les hardeuses ? Pourquoi le corps social s'acharne-t-il à en faire des victimes, alors qu'elles ont tout pour être les femmes les plus accomplies en matière de séduction ? Quel tabou est ici transgressé qui vaille cette mobilisation fiévreuse ?

La réponse, après avoir regardé quelques centaines de films pornographiques, me semble simple : dans les films, la hardeuse a une sexualité d'homme. Pour être plus précise : elle se comporte exactement comme un homosexuel en back-room. Telle que mise en scène dans les films, elle veut du sexe, avec n'importe qui, elle en veut par tous les trous et elle en jouit à tous les coups. Comme un homme s'il avait un corps de femme.

Si on regarde un film X hétérosexuel, c'est toujours le corps féminin qui est valorisé, montré, sur lequel on compte pour produire de l'effet. On ne demande pas au hardeur la même performance, on lui demande de bander, de s'agiter, de montrer le sperme. Le travail est fait par la femme. Le spectateur du film X s'identifie surtout à elle, plus qu'au protagoniste masculin. Comme on s'identifie spontanément à qui est mis en valeur, dans n'importe quel film. Le X est aussi la façon qu'ont les hommes d'imaginer ce qu'ils feraient s'ils étaient des femmes, comme ils s'appliqueraient à donner satisfaction à d'autres hommes, à être de bonnes salopes, des créatures bouffeuses de bites. On évoque souvent la frustration de la réalité, comparée à la mise en scène pornographique, ce réel où les hommes doivent baiser avec des femmes qui effectivement ne leur ressemblent pas, ou pas souvent. Il est à ce propos intéressant de remarquer que les femmes « réelles » qui surcumulent les signes de féminité, celles qui répètent douze fois dans une conversation qu'elles se sentent « tellement femmes », et qui participent d'une sexualité compatible avec la sexualité des hommes, sont souvent les plus viriles. La frustration du réel, c'est le deuil que les hommes doivent faire, s'ils veulent entrer en hétérosexualité, de l'idée de baiser avec des hommes qui auraient des attributs externes de femmes.

Le porno, volontiers dénoncé comme mettant les gens mal à l'aise par rapport au sexe, est en réalité un anxiolytique. C'est pourquoi il est attaqué avec virulence. Il est important que la sexualité fasse peur. Dans le film porno, on sait que les gens vont « le » faire, on n'est pas inquiets quant à cette issue, alors qu'on l'est dans la vraie vie. Baiser avec un(e) inconnu(e) fait toujours un peu peur, à moins d'être violemment bourré. C'est même ce qui fait beaucoup l'intérêt de la chose. Dans le porno, on sait que les hommes bandent, que les femmes jouissent. On ne peut pas vivre dans une société spectaculaire envahie par les représentations de la séduction, du flirt, du sexe, et ne pas saisir que le porno est un lieu de sécurité. On n'est pas dans l'action, on peut regarder les autres le faire, savoir le faire, en toute tranquillité. Ici, les femmes sont contentes du service rendu, les hommes bandent dur et éjaculent, tout le monde parle le même langage, pour une fois, tout se passe bien.

Pourquoi le porno est-il l'apanage des hommes ? Pourquoi, alors que le X en tant qu'industrie a trente ans, en sont-ils les principaux bénéficiaires économiques ? La réponse est la même dans tous les domaines : le pouvoir et l'argent sont dévalorisés pour les femmes. Ils ne doivent s'obtenir et s'exercer qu'à travers la cooption masculine : sois choisie comme conjointe et tu profiteras des avantages de ton partenaire.

Les hommes seuls imaginent le porno, le mettent en scène, le regardent, en tirent profit et le désir féminin est soumis à la même distorsion : il doit passer par le regard masculin. On se familiarise lentement avec l'idée de jouissance féminine. Jusque récemment resté tabou et impensable, l'orgasme féminin fait son apparition dans le langage courant à partir des années 70. Rapidement, il est deux fois retourné contre les femmes. Premièrement, en nous faisant comprendre que nous sommes dans l'échec si nous ne jouissons pas. La frigidité est presque devenue un signe d'impuissance. L'anorgasmie féminine n'est pourtant pas comparable à l'impuissance masculine : une femme frigide n'est pas une femme stérile. Ni une femme coupée de sa sensualité. Mais au lieu d'être une possibilité, l'orgasme est transformé en impératif. Il faut toujours qu'on se sente incapable de quelque chose... Une seconde fois, parce que les hommes se sont aussitôt emparés de cet orgasme féminin : ils sont ceux par qui la femme doit jouir. La masturbation féminine continue d'être méprisable, annexe. L'orgasme qu'on doit atteindre, c'est celui prodigué par le mâle. L'homme doit « savoir s'y prendre ». Comme dans *La Belle au bois dormant*, il se penche sur la belle et la fait grimper aux rideaux.

Les femmes entendent le message, et comme

d'habitude prennent à cœur de ne pas offenser le sexe susceptible. C'est ainsi qu'en 2006, on entend de très jeunes filles raconter qu'elles *attendent* qu'un homme les fasse jouir. Comme ça, tout le monde est mal à l'aise : les garçons qui se demandent bien comment s'y prendre, et les filles, frustrées de ce qu'ils ne connaissent pas mieux qu'elles-mêmes leurs propres anatomies, et leurs domaines fantasmagoriques.

La masturbation féminine, il suffit d'en parler autour de soi : « ça ne m'intéresse pas toute seule », « je le fais seulement quand je suis sans mec pendant longtemps », « je préfère qu'on s'occupe de moi », « je ne le fais pas, je n'aime pas ça ». Je ne sais pas ce qu'elles font de leur temps libre, toutes, mais en tout cas, si elles ne se masturbent pas, on comprend bien qu'elles ne risquent pas de se sentir concernées par des films porno, qui ne sont pas à vocations variables. Un film de cul, c'est fait pour se branler.

Je sais bien que ce que font les filles toutes seules avec leurs clitoris ne me regarde pas, mais cette indifférence à la masturbation me trouble quand même un peu : à quel moment les femmes se connectent-elles avec leurs propres fantasmes, si elles ne se touchent pas quand elles sont seules ? Qu'est-ce qu'elles connaissent de ce qui les excite vraiment ? Et si on ne sait pas ça de soi, qu'est-ce qu'on connaît de soi, au juste ? Quel contact établit-on avec soi-même quand son propre sexe est systématiquement annexé par un autre ?

Nous voulons être des femmes convenables. Si le fantasme apparaît comme trouble, impur ou méprisable, nous le refoulons. Petites filles modèles, anges du foyer et bonnes mères, construites pour le bien-être d'autrui, pas pour sonder nos profondeurs. Nous sommes formatées pour éviter le contact avec nos propres sauvageries. D'abord convenir, d'abord penser à la satisfaction de l'autre. Tant pis pour tout ce qu'il faut faire taire de nous. Nos sexualités nous mettent en danger, les reconnaître, c'est peut-être en faire l'expérience, et toute expérience sexuelle pour une femme conduit à son exclusion du groupe.

Le désir féminin est passé sous silence jusque dans les années 50. La première fois que des femmes se rassemblent massivement et font savoir : « Nous sommes désirantes, traversées de pulsions brutales, inexplicables, nos clitoris sont comme des bites, ils réclament soulagement », c'est à l'occasion des premiers concerts de rock. Les Beatles doivent cesser de se produire sur scène : les femmes dans la salle rugissent à chaque note qu'ils jouent, leurs voix recouvrent le son de la musique. Aussitôt : mépris. Hystérie de la groupie. On ne veut pas entendre ce qu'elles se sont déplacées pour dire, qu'elles sont bouillantes et désirantes. Ce phénomène majeur est occulté. Les hommes ne veulent pas en entendre parler. Le désir, c'est leur domaine, exclusivement. Il est extraordinaire de penser qu'on méprise une jeune fille qui hurle son désir quand John Lennon touche une guitare, alors qu'on trouve gaillard un vieillard qui siffle une adolescente en jupe. Il y a d'un côté une convoitise indicatrice de bonne santé, avec laquelle le collectif tombe d'accord, qui est flattée, pour laquelle on montre bienveillance et compréhension. Et, d'autre part, un appétit forcément grotesque, monstrueux, risible, à refouler.

L'explication psychologique populaire appliquée aux femmes nymphomanes est un exemple notoire de dénigrement, qui voudrait qu'elles multiplient les rencontres sexuelles par dépit de ne pas ressentir de satisfaction sexuelle. On répand ainsi l'idée que multiplier les conquêtes est forcément un indice de frustration féminine. Alors que, dans les faits, c'est une théorie qui conviendrait mieux aux hommes, frustrés de la pauvreté de leur sensualité et de leur jouissance. Ce sont les hommes qui survalorisent et subliment le corps féminin et qui, incapables d'en tirer le plaisir espéré, accumulent les conquêtes dans l'espoir d'éprouver, un jour, quelque chose de l'ordre du vrai orgasme. Encore une fois, ce qui est fondamentalement vrai pour l'homme est détourné pour stigmatiser la sexualité feminine.

Quand Paris Hilton franchit la limite, se met en scène à quatre pattes et profite de ce que le document circule pour devenir mondialement connue, on comprend une chose importante : elle est de sa classe sociale, avant d'être de son sexe. Ainsi, sur le plateau

de « Nulle Part Ailleurs », face à Jamel Debbouze, il
se joue une scène intéressante. Le jeune comique
cherche aussitôt à la réassigner, la remettre à sa place
de femme déchue : « Toi, je te connais, je t'ai vue, je
t'ai vue sur internet ». Il parle au nom de son sexe,
compte sur sa supériorité intrinsèque pour la mettre
dans une position délicate. Mais Paris Hilton n'est
pas la hardeuse locale, avant d'être une femme dont
on a vu la chatte, elle est l'héritière des hôtels Hilton.
Il est pour elle impensable qu'un homme de rang
social inférieur la mette en danger, ne serait-ce qu'un
quart de seconde. Elle ne sourcille pas, elle le regarde
à peine. Zéro déstabilisée. Elle ne fait pas montre ici
d'un caractère particulier. Elle nous fait savoir, à tous,
qu'elle peut se permettre de baiser devant tout le
monde. Elle appartient à cette caste qui a historique-
ment droit au scandale, à ne pas se conformer aux
règles qui s'appliquent au peuple. Avant d'être une
femme, soumise à un regard d'homme, elle est une
dominante sociale, pouvant occulter le jugement du
moins nanti.

On comprend ainsi que la seule façon de faire
exploser le rituel sacrificiel du X sera d'y amener les
filles de bonne famille. Ce qui explose, quand explo-
sent les censures imposées par les dirigeants, c'est un
ordre moral fondé sur l'exploitation de tous. La
famille, la virilité guerrière, la pudeur, toutes les
valeurs traditionnelles visent à assigner chaque sexe
à son rôle. Les hommes, en cadavres gratuits pour

l'État, les femmes, en esclaves des hommes. Au final, tous asservis, nos sexualités confisquées, fliquées, normées. Il y a toujours une classe sociale qui a intérêt à ce que les choses restent comme elles sont, et qui ne dit pas la vérité sur ses motivations profondes.

« En effet, l'homme représente aujourd'hui le positif et le neutre, c'est-à-dire le mâle et l'être humain, tandis que la femme est seulement le négatif, la femelle. Chaque fois qu'elle se conduit en être humain, on déclare donc qu'elle s'identifie au mâle ; ses activités sportives, politiques, intellectuelles, son désir pour d'autres femmes sont interprétés comme une "protestation virile" ; on refuse de tenir compte des valeurs vers lesquelles elle se transcende, ce qui conduit évidemment à considérer qu'elle fait le choix inauthentique d'une attitude subjective. Le grand malentendu sur lequel repose ce système d'interprétations, c'est qu'on admet qu'il est *naturel* pour l'être humain femelle de faire de soi une femme *féminine* : il ne suffit pas d'être une hétérosexuelle, ni même une mère, pour réaliser cet idéal ; la "vraie femme" est un produit artificiel que la civilisation fabrique comme naguère on fabriquait des castrats ; ses prétendus instincts de coquetterie, de docilité, lui sont insufflés comme à l'homme l'orgueil phallique ; il n'accepte pas toujours sa vocation virile ; elle a de bonnes raisons pour accepter moins docilement encore celle qui lui est assignée. »

Simone de BEAUVOIR, *Le Deuxième Sexe*, 1949.

KING KONG GIRL

La version de *King Kong* réalisée par Peter Jackson en 2005 commence au début du siècle dernier. En même temps qu'on construit l'Amérique industrielle, moderne, on dit adieu aux vieilles formes de divertissement, le théâtre burlesque, la troupe solidaire, on se prépare aux formes d'entertainment et de contrôle modernes : le cinéma et le porno.

Un metteur en scène mégalomane et menteur, un homme de cinéma, embarque une femme blonde sur un bateau. Elle est la seule femme à bord. L'île qui les intéresse s'appelle Skull Island. Elle n'existe pas sur les cartes, car nul n'en est jamais revenu. Peuplades primitives, créatures fœtales, petites filles aux cheveux noirs emmêlés, vieilles femmes menaçantes, édentées, hurlent sous une pluie diluvienne.

Ils kidnappent la femme blonde pour en faire l'offrande à King Kong. Ils l'attachent, une vieille femme lui met un collier avant de la livrer au gros singe. Les humains précédents parés de ce collier se sont tous fait croquer, tels des petits cubes apéritifs.

Ce King Kong n'a ni bite, ni couilles, ni seins. Aucune scène ne permet de lui attribuer un genre. Il n'est ni mâle ni femelle. Il est juste poilu et noir. Herbivore et contemplative, cette créature a le sens de l'humour, et de la démonstration de puissance. Entre Kong et la blonde, il n'y a aucune scène de séduction érotique. La belle et la bête s'apprivoisent et se protègent, sont sensuellement tendres l'une avec l'autre. Mais de façon non sexuée.

L'île est peuplée de créatures qui ne sont ni mâles ni femelles : chenilles monstrueuses, aux tentacules visqueux et pénétrants, mais moites et roses comme des chattes de femmes, larves à têtes de bites, qui s'ouvrent et deviennent des vagins dentés qui croquent les têtes des gars de l'équipage... D'autres font appel à une iconographie plus genrée, mais relevant du domaine de la sexualité polymorphe : araignées velues et brontosaures gris et identiques comparables à une horde de spermatozoïdes lourdingues...

King Kong, ici, fonctionne comme la métaphore d'une sexualité d'avant la distinction des genres telle qu'imposée politiquement autour de la fin du XIXe siècle. King Kong est au-delà de la femelle et au-delà du mâle. Il est à la charnière, entre l'homme et l'animal, l'adulte et l'enfant, le bon et le méchant, le primitif et le civilisé, le blanc et le noir. Hybride, avant l'obligation du binaire. L'île de ce film est la possibilité d'une forme de sexualité polymorphe et hyperpuissante. Ce que le cinéma veut capturer, exhiber, dénaturer puis exterminer.

Quand l'homme vient la chercher, la femme hésite à le suivre. Il veut la sauver, la ramener dans la ville, dans l'hétérosexualité hypernormée. La belle sait qu'elle est en sécurité auprès de King Kong. Mais elle sait aussi qu'il faudra quitter sa large paume rassurante, pour aller chez les hommes et s'y débrouiller seule. Elle décide de suivre celui qui vient la chercher – la délivrer de la sécurité et la ramener dans la ville, où elle sera de nouveau menacée de toutes parts. Au ralenti, gros plan sur les yeux de la blonde, quand elle comprend qu'elle a été utilisée. Elle n'a servi qu'à capturer l'animal. L'animale. Qu'à trahir son alliée, sa protectrice. Ce avec quoi elle avait des affinités. Son choix de l'hétérosexualité et de la vie en ville, c'est le choix de sacrifier ce qui en elle est hirsute, puissant, ce qui en elle rit en se frappant la poitrine. Ce qui règne sur l'île. Quelque chose devait être offert en sacrifice.

King Kong est ensuite enchaînée, exhibée dans New York. Il faut qu'elle terrorise les foules, mais que les chaînes soient solides, que les masses puissent être domptées en retour, comme dans la pornographie. On veut toucher le bestial de près, frémir, mais on ne veut pas des dégâts collatéraux. Il y aura des dégâts, car la bête échappe au montreur, comme dans le spectacle. Ça n'est pas la récupération du sexe ou de la violence qui posent problème aujourd'hui, mais au contraire, l'irrécupérabilité des notions dont on s'est servi dans le spectacle : violence et sexe ne sont pas domesticables par la représentation.

Dans la ville, King Kong écrase tout sur son passage. La civilisation qu'on voyait se construire au
début du film se détruit en très peu de temps. Cette
force qu'on n'a voulu ni apprivoiser, ni respecter, ni
laisser là où elle était, est trop grande pour la ville
qu'elle écrabouille rien qu'en marchant. Avec une
grande tranquillité. La bête cherche sa blonde. Pour
une scène qui n'est pas érotique, mais relève plutôt
de l'enfance : je te tiendrai dans ma main et nous
patinerons ensemble, comme pour une valse. Et tu
riras comme un enfant dans un manège enchanté. Il
n'y a pas ici de séduction érotique. Mais un rapport
sensuel évident, ludique, où la force ne fixe pas de
domination. King Kong, ou le chaos d'avant les
genres.

Puis les hommes en uniforme, le politique, l'État,
interviennent pour tuer la bête. Grimper en haut des
buildings, se battre avec des avions qui sont comme
des moustiques. C'est leur nombre qui permet d'abat-
tre la bête. Et de laisser la blonde seule, prête à épouser le héros.

Le réalisateur, yeux écarquillés devant le corps de
l'animal, photographié comme un trophée. « Les
avions n'y sont pour rien. C'est la belle qui a tué la
bête. »

Une parole de réalisateur : mensongère. La belle
n'a pas choisi de tuer la bête. La belle a refusé de
participer au spectacle, elle est venue à sa rencontre
dès qu'elle a su qu'elle se libérait, elle s'est amusée
dans sa main quand il fallait glisser sur les eaux

glacées du parc, elle l'a suivie jusqu'aux sommets où elle s'est fait massacrer. Ensuite, alors, la belle a suivi son beau. La belle n'a pu empêcher les hommes ni de ramener la bête, ni de la tuer. Elle se met sous la protection du plus désirant, du plus fort, du plus adapté. Elle est coupée de sa puissance fondamentale. C'est notre monde moderne.

Quand j'arrive à Paris, en 93, de la féminité, je n'ai que quelques accessoires, qui ont une utilité professionnelle. Dès l'instant que je renonce à faire des clients, je retrouve anorak, jean, chaussures plates et peu de maquillage. Le punk-rock est un exercice d'éclatement des codes établis, notamment concernant les genres. Ne serait-ce que parce qu'on s'éloigne, physiquement, des critères de beauté classique. Quand je suis internée, à 15 ans, le psychiatre me demande pourquoi je m'enlaidis à ce point. Je le trouve chié de me demander ça, vu que moi avec mon pétard rouge, mes lèvres peintes en noir, mes collants dentelle blanche et mes énormes rangers, je me trouve follement chic. Il insiste : est-ce que j'ai peur d'être laide ? Il dit que j'ai pourtant de beaux yeux. Je ne comprends même pas de quoi il me parle. Est-ce qu'il se trouve sexy, lui, dans son costard pourri et quatre cheveux de rab sur le caillou ? Être keupone, c'est forcément réinventer la féminité puisqu'il s'agit de traîner dehors, taper la manche, vomir de la bière, sniffer de la colle jusqu'à rester les bras en croix, se faire embarquer, pogoter, tenir l'alcool, se mettre à la guitare, avoir le crâne rasé, rentrer fracassée tous les soirs, sauter partout pendant les concerts, chanter à tue-tête en voiture les fenêtres ouvertes des hymnes hypermasculins, t'intéresser de près au foot, faire des manifs en portant la cagoule et voulant en découdre... Et tout le monde te fout la paix. Il y aura même plein de mecs pour trouver ça formidable, être de bons amis et ne pas chercher à te recadrer. C'est tout le concept du punk, ne pas faire comme on vous dit de faire. Avec la police, c'est pareil qu'avec le psychiatre, garde à vue, un inspecteur compatissant, je suis plus jolie que je ne le crois, pourquoi je mène la vie que je mène. On me la fera souvent, celle-là. Alors que je ne me plains de rien, auprès de personne. Être jolie : à quoi ça me servirait, vu que je ne me sens pas douée pour ça et que mes stratégies pour compenser le truc fonctionnent au-delà de toutes mes attentes ? J'étais chaleureuse avec les garçons, ils me le rendaient gentiment, dans l'ensemble. À Lyon, je me coupe les cheveux supercourts, on m'appelle « monsieur » dans les boulangeries ou au tabac, ça ne me fait ni chaud ni froid. Les réflexions sont rares – « arrête de fumer ta clope comme un mec » –, la plupart du temps, culture underground, privilégiée, à l'écart, on me fout une paix royale. Ça doit se voir que ça me va très bien comme ça. C'est le punk-rock, c'est chez moi. Ça ne va durer qu'un temps.

En 93, je publie *Baise-moi*. Premier papier, dans *Polar*. Un papier de mec. Trois pages. De réassignation. C'est pas que le bouquin ne soit pas bon selon ses critères qui dérange le bonhomme. Du livre, en fait, il ne parle pas. C'est que je sois une fille qui mette en scène des filles comme ça. Et, sans se poser de questions – puisqu'il est un homme il a selon lui évidemment le droit de me signaler ce qui m'est permis selon la bienséance telle qu'il la définit – il vient me dire, cet inconnu, et le dire publiquement : je n'ai pas à faire ça. On s'en fout du livre. C'est mon sexe qui compte. On s'en fout de qui je suis, d'où je sors, de ce qui me convient, de qui va me lire, de la culture punk-rock. Papy intervient, ciseaux en main, et il va me la rectifier, ma bite mentale, il va s'en occuper, des filles comme moi. Et de citer Renoir : « les films devraient être faits par de jolies femmes montrant de jolies choses ». Ça me fera au moins une idée de titre. Sur le coup, c'est tellement grotesque que je rigole. C'est par la suite que je change de ton, quand je réalise qu'on me tombe dessus de tous côtés en ne s'occupant que de ça : c'est une fille, une fille, une fille. J'ai une chatte en travers de la gueule. Je ne m'étais pas encore beaucoup confrontée au monde des adultes, encore moins des adultes normaux, ça va me surprendre pour un moment, comment ils sont nombreux à savoir distinguer ce qui se fait, de ce qui ne se fait pas, quand on est une fille dans la ville.

Quand vous devenez une fille publique, on vous tombe dessus de toutes parts, d'une façon particulière. Mais il ne faut pas s'en plaindre, c'est mal vu. Il faut avoir de l'humour, de la distance, et les couilles bien accrochées, pour encaisser. Toutes ces discussions pour savoir si j'avais le droit de dire ce que je disais. Une femme. Mon sexe. Mon physique. Dans tous les articles, plutôt gentiment, d'ailleurs. Non, on ne décrit pas un auteur homme comme on le fait pour une femme. Personne n'a éprouvé le besoin d'écrire que Houellebecq était beau. S'il avait été une femme, et qu'autant d'hommes aient aimé ses livres, ils auraient écrit qu'il était beau. Ou pas. Mais on aurait connu leur sentiment sur la question. Et on aurait cherché, dans neuf articles sur dix, à lui régler son compte et à expliquer, dans le détail, ce qui faisait que cet homme était aussi malheureux, sexuellement. On lui aurait fait savoir que c'était sa faute, qu'il ne s'y prenait pas correctement, qu'il ne pouvait pas se plaindre de quoi que ce soit. On se serait foutu de lui, au passage : non mais t'as vu ta gueule ? On aurait été extraordinairement violent avec lui, si en tant que femme il avait dit du sexe et de l'amour avec les hommes ce que lui dit du sexe et de l'amour avec les femmes. À talent équivalent, ça n'aurait pas été le même traitement. Ne pas aimer les femmes, chez un homme, c'est une attitude. Ne pas aimer les hommes, chez une femme, c'est une pathologie. Une femme qui ne serait pas très séduisante et viendrait se plaindre de ce que les hommes sont infoutus de bien la faire jouir ? On en entendrait parler de son physique, et de sa vie familiale, dans les détails les plus sordides, et de ses complexes, et de ses problèmes. Ça n'est pas par hasard que toutes les bonnes femmes ou presque, passé un certain âge, aspirent surtout à ne pas trop faire de vagues. Qu'on ne vienne pas nous expliquer que c'est une question de caractère ou de nature, qu'on n'aime pas provoquer et que nous, notre truc, c'est plutôt la maison et les enfants. Faut voir ce qu'on prend, dès qu'on dit un peu quelque chose. Même le plus fou furieux mec du hip-hop n'est pas maltraité comme une femme. Pourtant, on sait ce que les Blancs pensent des Noirs. Il n'y a pas pire qu'être une femme jugée par des mecs. Tous les coups sont permis, à commencer par les plus crades. On n'est même pas des étrangères : on est sous-titrées, tout le temps, parce qu'on ne sait pas ce qu'on a à dire. On ne le sait pas aussi bien que les mâles dominants, qui sont habitués depuis des siècles à écrire des livres sur la question de notre féminité et de ce qu'elle implique.

C'est à cette époque que je découvre, consternée, que n'importe quel connard doté d'un zgeg se sent le droit de parler au nom de tous les hommes, de la virilité, du peuple des guerriers, des seigneurs, des dominants, et – conséquemment – le droit de me donner des leçons de féminité. On s'en fout que le type mesure un mètre cinquante, soit plus large que haut, n'ait jamais fait preuve d'aucune masculinité, jamais, en rien. Il en est. Et moi, je suis de l'autre sexe. Il n'y a que moi que ça effare qu'on me remette systématiquement à ma place de femelle. On ne me compare qu'à d'autres femmes. Marie Darrieussecq, Amélie Nothomb, Lorette Nobécourt, qu'importe,

pourvu qu'on ait environ le même âge. Et surtout :
qu'on soit du même sexe. J'en prends pour une ration
double de condescendance amusée, en tant que
femme. Vexations supplémentaires, rappels à l'ordre.
Mes fréquentations. Mes sorties. Mes dépenses. Où
j'habite. Sous surveillance. De toutes sortes. Une fille.

Puis il y a le film. Interdiction. La vraie censure,
évidemment, ne passe pas par les textes de loi. C'est
plutôt un conseil qu'on te donne. Et on s'assure qu'il
t'arrive bien. Il faut donc interdire que trois hardeuses et une ex-pute s'occupent de faire un film sur
le viol. Même à petit budget, même un film de genre,
même sur le mode parodique. C'est important.
À croire qu'on menace la sécurité de l'État. Pas de
film sur une tournante où les victimes ne larmoient
pas avec le nez qui coule sur des épaules d'hommes
qui les vengeront. Pas de ça. Soutien limite unanime
de la presse : leur fameux droit de dire non. Moi et
les trois autres du film, toujours représentées comme
voulant uniquement faire de l'argent. Évidemment.
Pas besoin de voir le film pour savoir ce qu'il faut en
penser. Si des filles touchent au sexe, c'est pour voler
l'argent des honnêtes hommes. Salopes. Sinon, bien
sûr, on aurait fait un film avec des prairies et des
toutous qui y gambadent, un film des femmes
qui s'occupent de séduire des hommes. On n'aurait
pas fait de film du tout, d'ailleurs, on serait restées à
nos places. Salopes, forcément. Le corps de Karen, à
la une. Normal. Salopes. N'importe qui a le droit de
vendre du papier avec son ventre puisqu'elle a bien

voulu le montrer. Salopes. Et une ministre de la Culture, une femme, de cette gauche-là, la gauche subtile, déclare qu'un artiste devrait se sentir responsable de ce qu'il montre. Ça n'est pas aux hommes de se sentir responsables quand ils se mettent à trois pour violer une fille. Ça n'est pas aux hommes de se sentir responsables quand ils vont aux putes sans faire voter les lois pour qu'elles puissent bosser tranquillement. Ça n'est pas à la société de se sentir responsable quand à longueur de films on voit des femmes dans le rôle de victimes des violences les plus atroces. C'est à nous de nous sentir responsables. De ce qui nous arrive, de refuser d'en crever, de vouloir faire avec. De l'ouvrir. On la connaît bien, cette rengaine, celle qui fait qu'on devrait se sentir responsables de ce qui arrive. Dans *Elle*, une imbécile quelconque, chroniquant un autre livre sur le viol, sans le moindre rapport avec le mien, souligne la dignité du propos, se sent obligée de l'opposer aux « vagissements » que je produis. Je ne suis pas assez silencieuse, comme victime. Ça mérite qu'on le signale dans un journal féminin, c'est un conseil aux lectrices : le viol, d'accord, c'est triste, mais doucement sur les vagissements, mesdames. Pas assez digne. Je t'emmerde. Dans *Paris Match*, même méthode, pour dire à la fille Montand qu'on préfère qu'elle se taise, une autre imbécile souligne la classe d'une Marilyn Monroe, qui, elle, a su être une bonne victime. Comprenez : douce, sexy, gardant le silence. Sachant la fermer sa grande gueule, alors qu'on la faisait tourner à quatre pattes dans des partouzes glauques. Conseils de femmes, entre elles. Le morceau de choix. Cachez vos plaies, mesdames, elles pourraient gêner le tortionnaire. Être une victime digne. C'est-à-dire qui sait se taire. La parole toujours confisquée. Dangereuse, on l'aura compris. Dérangeant le repos de qui ?

Quel avantage tirons-nous de notre situation qui vaille qu'on collabore si activement ? Pourquoi les mères encouragent-elles les petits garçons à faire du bruit alors qu'elles enseignent aux filles à se taire ? Pourquoi continue-t-on de valoriser un fils qui se fait remarquer quand on fait honte à une fille qui se démarque ? Pourquoi apprendre aux petites la docilité, la coquetterie et les sournoiseries, quand on fait savoir aux gamins mâles qu'ils sont là pour exiger, que le monde est fait pour eux, qu'ils sont là pour décider et choisir ? Qu'y a-t-il de si bénéfique pour les femmes dans cette façon dont les choses se passent qui vaille qu'on y aille si doucement, dans les coups que nous portons ?

C'est que celles d'entre nous qui occupent les meilleures places sont celles qui ont fait alliance avec les plus puissants. Les plus capables de se taire quand elles sont trompées, de rester quand elles sont bafouées, de flatter les ego des hommes. Les plus capables de composer avec la domination masculine sont évidemment celles qui sont aux bons postes, puisque ce sont encore eux qui admettent ou excluent les femmes des fonctions de pouvoir. Les plus coquettes, les plus charmantes, les plus amicales avec l'homme. Les femmes qu'on entend s'exprimer sont celles qui savent faire avec eux. De préférence celles qui pensent le féminisme comme une cause secondaire, de luxe. Celles qui ne vont pas prendre la tête avec ça. Et plutôt les femmes les plus présentables, puisque notre qualité première reste d'être agréables. Les femmes de pouvoir sont les alliées des hommes, celles d'entre nous qui savent le mieux courber l'échine et sourire sous la domination. Prétendre que ça ne fait même pas mal. Les autres, les furieuses, les moches, les fortes têtes, sont asphyxiées, écartées, annulées. Non grata dans le gratin.

Moi, j'aime Josée Dayan. Je ronronne de plaisir chaque fois que je la vois à la télé. Parce que le reste du temps, même les romancières, les journalistes, les sportives, les chanteuses, les présidentes de boîtes, les productrices, toutes les bonnes femmes qu'on voit se sentent obligées de jouer un petit décolleté, une paire de boucles d'oreilles, les cheveux bien coiffés, preuves de féminité, gages de docilité.

Le syndrome de l'otage qui s'identifie à son geôlier, on connaît. C'est comme ça qu'on finit par se fliquer les unes les autres, par se juger à travers les yeux de qui nous boucle à triple tour.

Aux alentours de mes 30 ans, quand j'ai arrêté de boire, j'ai vu des analystes, des guérisseurs, des mages, ils n'avaient pas grand-chose en commun. À part que ces hommes, plusieurs fois, ont insisté : « Il faudrait vous réconcilier avec votre féminité. » J'ai chaque fois répondu la même chose, spontanément : « Ouais, je

n'ai pas d'enfant, mais... » et chaque fois j'ai été inter-
rompue, on ne me parlait pas maternité. On me parlait féminité. Mais qu'est-ce que vous entendez par
là ? Je n'ai pas obtenu de réponse claire. Ma féminité... je ne suis pas contrariante, moi, en fait, surtout
si on me le dit à plusieurs reprises avec beaucoup de
conviction et une bienveillance évidente. J'ai donc
cherché à comprendre. Sincèrement. De quoi je man-
quais. J'avais l'impression de tout dire, de ne pas
chercher à être plutôt comme-ci que comme-ça, de
me laisser être sans trop de retenue. La féminité,
qu'est-ce que c'était... Les circonstances dans lesquelles j'ai vu ces thérapeutes étaient toujours privi-
légiées, j'étais plutôt douce et calme. Je ne suis pas
une brute à plein temps. Je suis plutôt timide, en
retrait, depuis que je ne bois plus on ne peut pas dire
que je fasse beaucoup de bruit, dans l'ensemble. Bien
sûr, des fois, je craque et je pars en vrille. De façon
pas très féminine, je le confirme, et souvent efficace,
comme par hasard. Mais, en l'espèce, ils ne me parlaient ni d'agitation, ni d'agressivité, ils parlaient de
« féminité ». Sans détailler. Je me suis creusé la tête.
Est-ce qu'il s'agissait d'être moins impressionnante,
plus rassurante, plus abordable, peut-être ? Bon, ça,
même en le voulant, ça va être difficile. C'est un gag,
à la longue, d'être la fille qui a fait *Baise-moi*. Parfois,
c'est simple, j'ai l'impression d'être Bruce Lee.
Quand il racontait dans les interviews que, tout le
temps, des mecs venaient lui taper sur l'épaule pour
le provoquer en duel. Ils voulaient montrer à tout le

quartier qu'ils étaient tellement forts, ils s'étaient fait Bruce Lee. Moi, c'est les tocards à petite bite du coin qui se sentent obligés de me défier, pour montrer à leurs copains comment ils ont osé venir me remettre à ma place. Je ne vais pas rentrer dans le détail, décrire comment ça se passe quand les types en question comprennent que les meufs qu'ils aimeraient serrer préfèrent toutes coucher avec moi. Ça les rend super agressifs. Qu'est-ce que j'y peux, moi, s'ils ont autant de sex-appeal qu'une vieille R5 toute rouillée ? Ils imaginent sans doute que si je n'existais pas, ils en auraient de plus grosses. Pas la peine de trop en débattre. De toute façon que ça soit moi ou une autre, de ce point de vue, c'est la même : ça n'est jamais assez. Quoi que tu fasses, c'est toujours trop pour un crétin local et il faut qu'il intervienne, tâche de te ramener dans le rang.

Plus un type manque de qualités viriles, plus il est vigilant sur ce que font les femmes. Et, à l'inverse, plus un bonhomme a d'assurance, mieux il supporte la diversité d'attitudes chez les filles, et leur masculinité. C'est pourquoi on n'est jamais aussi vertement et strictement rappelées à l'ordre qu'en arrivant chez les nantis : là où la masculinité ne va pas du tout de soi chez les mâles, les femelles sont priées de la jouer hypersoumises.

Quand, à la télé, consternés, ils passent en boucle des images de « happy slapping », un gamin qui met une trempe à une fille qu'il dépasse de deux bonnes têtes et de facile quinze kilos, en se faisant filmer par un pote pour ensuite frimer devant d'autres mecs, on nous montre ça comme pour dire : « Ces musulmans, fils de parents polygames, ils n'ont aucun respect de la femme, on n'en peut plus. » Sauf que c'est exactement ce que vous faites dans un tiers de la littérature masculine blanche. Raconter comment vous profitez de vos statuts de dominants pour abuser de gamines que vous choisissez parmi les plus faibles, raconter comment vous les trompez les baisez les humiliez, pour vous faire admirer par vos potes. Du triomphe à bons frais. Ça serait tellement plus marrant si le gamin du portable allait péter la gueule à un type qui ferait quatre têtes de plus que lui ; ça serait tellement plus marrant si vous vous en preniez aux plus féroces du troupeau, ou aux femmes les plus revêches. Mais ça n'est pas ce qui vous motive. Du triomphe à bons frais, de la force de faible. Dans un tiers de la production cinématographique blanche contemporaine, regardez ce qu'on leur fait, aux filles. Triomphes de lâches. C'est qu'il faut rassurer les hommes. Ça passe par là.

Après plusieurs années de bonne, loyale et sincère investigation, j'en ai quand même déduit que : la féminité, c'est la putasserie. L'art de la servilité. On peut appeler ça séduction et en faire un machin glamour. Ça n'est un sport de haut niveau que dans très peu de cas. Massivement, c'est juste prendre l'habitude de se comporter en inférieure. Entrer dans une pièce, regarder s'il y a des hommes, vouloir leur plaire. Ne pas parler trop fort. Ne pas s'exprimer sur un ton catégorique. Ne pas s'asseoir en écartant les jambes, pour être bien assise. Ne pas s'exprimer sur un ton autoritaire. Ne pas parler d'argent. Ne pas vouloir prendre le pouvoir. Ne pas vouloir occuper un poste d'autorité. Ne pas chercher le prestige. Ne pas rire trop fort. Ne pas être soi-même trop marrante. Plaire aux hommes est un art compliqué, qui demande qu'on gomme tout ce qui relève du domaine de la puissance. Pendant ce temps, les hommes, en tout cas ceux de mon âge et plus, n'ont pas de corps. Pas d'âge, pas de corpulence. N'importe quel connard rougi à l'alcool, chauve à gros bide et look pourri, pourra se permettre des réflexions sur le physique des filles, des réflexions désagréables s'il ne les trouve pas assez pimpantes, ou des remarques dégueulasses s'il est mécontent de ne pas pouvoir les sauter. Ce sont les avantages de son sexe. La chaudasserie la plus pathétique, les hommes veulent nous la refourguer comme sympathique et pulsionnelle. Mais c'est rare d'être Bukowski, la plupart du temps, c'est juste des tocards lambda. Comme si moi, parce que j'ai un vagin, je me croyais bonne comme Greta Garbo. Être complexée, voilà qui est féminin. Effacée. Bien écouter. Ne pas trop briller intellectuellement. Juste assez cultivée pour comprendre ce qu'un bellâtre a à raconter. Bavarder est féminin. Tout ce qui ne laisse pas de trace. Ce qui est domestique, se refait tous les jours, ne porte pas de nom. Pas les grands discours, pas les grands livres, pas les grandes choses. Les petites choses. Mignonnes. Féminines.

Mais boire : viril. Avoir des potes : viril. Faire le pitre : viril. Gagner plein de thunes : viril. Avoir une grosse voiture : viril. Se tenir n'importe comment : viril. Ricaner en fumant des joints : viril. Avoir l'esprit de compétition : viril. Être agressif : viril. Vouloir baiser avec plein de monde : viril. Répondre avec brutalité à quelque chose qui vous menace : viril. Ne pas prendre le temps de s'arranger le matin : viril. Porter des fringues parce qu'elles sont pratiques : viril. Tout ce qui est marrant à faire est viril, tout ce qui permet de survivre est viril, tout ce qui fait gagner du terrain est viril. Ça n'a pas tellement changé, en quarante ans. la seule avancée notoire, c'est que maintenant, on peut les entretenir. Parce que le travail alimentaire, c'est trop contraignant pour les hommes, qui sont des artistes, des penseurs, des personnages complexes et terriblement fragiles. Le SMIC, c'est plutôt aux femmes de le gagner. Évidemment, en prime, il faudra comprendre que ça puisse les rendre violents ou désagréables, d'être entretenus. Si on croit que c'est facile, quand on est de la race des grands chasseurs, de ne pas être celui qui ramène la nourriture au foyer. Les hommes, c'est cool, on passe notre temps à les comprendre. Car le désespoir grandiose lui aussi a un sexe, nous, ce qu'on pratique, c'est le gémissement plaintif.

Je ne dis pas qu'être une femme est en soi une contrainte pénible. Il y en a qui font ça très bien. C'est l'obligation qui est dégradante. Les grandes séductrices, évidemment que c'est le top du hip-hop, en matière de divinités locales. Patineuses artistiques aussi, c'est classe. On ne nous demande pas d'être toutes patineuses pour autant. Écuyères, aussi, ça a son charme. On ne te ramène pas une selle et un cheval du moment que tu veux exister.

Reportage sur une chaîne d'infos du câble, un documentaire sur des filles de banlieues. Plus exactement : sur leur inquiétante perte de féminité. On voit trois gamines à bonnes têtes jurer comme des charretiers et l'une d'entre elles tente d'attraper je ne sais qui dans une cage d'escalier, dans l'espoir de lui mettre une trempe. Quartier désolé, jeunesse désœuvrée, des gosses qui savent qu'ils n'auront probablement pas plus de chances que leurs parents, c'est-à-dire que dalle. Ces images toujours un peu troubles, pour quelqu'un de mon âge, d'une France qui est devenue un pays du quart-monde. Une pauvreté extrême, jouxtant le luxe le plus indécent. Ce qui inquiète les commentateurs, et ils le disent sans rigoler, c'est que ces filles ne portent jamais de jupes. Et qu'elles parlent mal. Ça les surprend, ils sont sincères. Ils s'imaginent, tranquilles, que les filles naissent dans des sortes de roses virtuelles et qu'elles devraient devenir des créatures douces et paisibles. Même plongées dans un milieu hostile où il vaut mieux savoir jouer du coup de boule pour exister un minimum. Les femmes devraient s'occuper de jolies choses, en arrosant des fleurs, et en chantonnant tout doucement. C'est vraiment tout ce qui les inquiète, dans ce qu'ils ont filmé. Ces femmes ne ressemblent pas aux femmes des beaux quartiers, aux gosses des magazines, aux filles des grandes écoles. Le journaliste qui a écrit ce commentaire a l'impression que c'est naturel, d'être une femme comme celles qui l'entourent. Que cette féminité n'a pas de race, pas de classe, n'est pas construite politiquement, il croit que si on laisse les femmes être ce qu'elles doivent être, naturellement, de la manière poétique la plus admirable, elles deviennent comme les femmes qui travaillent et dînent autour de lui : des bourgeoises blanches bien comme il faut.

Ça n'est pas seulement ma nature profonde, dans ce qu'elle avait de différent, de brutal, d'agressif, de puissant, que j'ai commencé à mater. C'est aussi ma classe sociale, que j'ai appris à renier.

Ça n'a pas été une décision consciente. Plutôt un calcul de survie sociale. Limiter les mouvements, physiquement, préférer les gestes doux. Ralentir la diction. Privilégier ce qui ne fait pas peur. Devenir blonde. Refaire mes dents. Me mettre en couple, avec un homme plus vieux, plus riche, plus connu. Vouloir un enfant. Faire comme ils font. Après le scandale du film. Me fondre un peu dans leur décor. Le temps de voir. Arrêter de boire. Autant pour préserver mon look que pour éviter la désinhibition de l'alcool. Les comportements virils qui vont avec : coucher avec n'importe qui, prendre le voisin par l'épaule, faire du bruit, rire trop fort. J'ai réintégré ma catégorie, telle que pensée dans mon nouveau milieu. Porter du rose et des bracelets brillants. J'ai vraiment fait de mon mieux, pour passer plus inaperçue... Ça n'a pas été neutre. C'était un affaiblissement consenti.

Heureusement, il y a Courtney Love. En particulier. Et le punk-rock, en général. Une tendance à aimer le conflit. Je me refais une santé mentale, dans mon ombre de blonde. Le monstre en moi ne lâche pas l'affaire. Je me fais plaquer, je n'ai pas d'enfant. J'en crève le jour de mes 35 ans. Sans trop savoir au juste si je souhaite encore une preuve à brandir au monde, que je suis une femme comme une autre, avec tout ce qu'on m'a répété, « vous haïssez donc tous les hommes », j'ai voulu prouver le contraire. Quelle drôle d'idée. Tâcher de prouver que je suis une femme aimable. Qui fait même des enfants. Comme prescrit dans la presse. Mais on a la vie qu'on doit avoir, car tout ça ne marche pas très fort pour moi. Je ne suis pas douce je ne suis pas aimable je ne suis pas une bourge. J'ai des montées d'hormones qui me font comme des fulgurances d'agressivité. Si je ne venais pas du punk-rock, j'aurais honte de ce que je suis. Pas foutue de convenir à ce point-là. Mais je viens du punk-rock et je suis fière de ne pas très bien y arriver.

« Le premier devoir d'une femme écrivain, c'est de tuer l'ange du foyer. »

Virginia WOOLF.

SALUT LES FILLES

Sur internet, je tombe par hasard sur une lettre signée Antonin Artaud. Une lettre de rupture, d'éloignement en tous les cas, adressée à une femme qu'il déclare ne pouvoir aimer. J'entends bien que, dans le détail, son affaire doit être compliquée. Mais, à l'arrivée, ça donne ça : « J'ai besoin d'une femme qui soit uniquement à moi et que je puisse trouver chez moi à toute heure. Je suis désespéré de solitude. Je ne peux plus rentrer le soir, dans une chambre, seul, et sans aucune des facilités de la vie à portée de ma main. Il me faut un intérieur, et il me le faut tout de suite, et une femme qui s'occupe sans cesse de moi pour les plus petites choses. Une artiste comme toi a sa vie, et ne peut pas faire cela. Tout ce que je te dis est d'un égoïsme féroce, mais c'est ainsi. Il ne m'est même pas nécessaire que cette femme soit très jolie, je ne veux pas non plus qu'elle soit d'une intelligence excessive, ni surtout qu'elle réfléchisse trop. Il me suffit qu'elle soit attachée à moi. »

Depuis petite, depuis Goldorak et Candy, qui

passaient à la suite à la sortie de l'école, j'ai la passion d'inverser, juste pour voir.

« J'ai besoin d'un homme qui soit uniquement à moi et que je puisse trouver chez moi à toute heure. » Ça sonne tout de suite différemment. L'homme n'est pas là pour rester à la maison, ni pour être possédé. Quand bien même j'aurais besoin ou envie d'un homme qui serait uniquement à moi, tout me conseille de modérer mes ardeurs et, au contraire, d'être entièrement à lui. C'est pas la même chanson. Il n'y a personne, alentour, qui soit politiquement assigné à sacrifier sa vie pour adoucir la mienne. Ça n'est pas réciproque, comme rapport d'utilité. De la même façon, je ne pourrai jamais écrire, en toute bonne foi égoïste : « Il me faut un intérieur, tout de suite, et un homme qui s'occupe sans cesse de moi pour les plus petites choses. » Si jamais je rencontre pareil homme, c'est que j'aurai les moyens de le salarier. « Il ne m'est même pas nécessaire que cet homme soit très mignon, je ne veux pas non plus qu'il soit d'une intelligence excessive, ni surtout qu'il réfléchisse trop. Il me suffit qu'il soit attaché à moi. »

Ma puissance ne reposera jamais sur l'inféodation de l'autre moitié de l'humanité. Un être humain sur deux n'a pas été mis au monde pour m'obéir, s'occuper de mon intérieur, élever mes enfants, me plaire, me distraire, me rassurer sur la puissance de mon intelligence, me procurer le repos après la bataille, s'appliquer à bien me nourrir... tant mieux.

Dans la littérature féminine, les exemples d'effronterie ou d'hostilité contre les hommes sont rarissimes. Censurés. Moi, je suis de ce sexe-là, qui n'a même pas le droit de mal le prendre. Colette, Duras, Beauvoir, Yourcenar, Sagan, toute une histoire de femmes auteurs qui toutes prennent soin de montrer patte blanche, de rassurer les hommes, de s'excuser d'écrire en répétant combien elles les aiment, les respectent, les chérissent, et ne veulent surtout pas – quoi qu'elles écrivent – trop foutre le bordel. On sait toutes que sinon : la meute s'occupera soigneusement de ton cas.

1948, Antonin Artaud meurt. Genet, Bataille, Breton ; les hommes font exploser les limites du dicible. Violette Leduc entreprend la rédaction de ce qui deviendra *Thérèse et Isabelle*. Texte magistral. Beauvoir à sa lecture écrit immédiatement : « Quant à publier ça, impossible. C'est une histoire de sexualité lesbienne aussi crue que du Genet. »

Violette Leduc édulcore le texte, que Queneau refuse aussitôt : « impossible à publier ouvertement ». Il faut attendre 1966 pour que Gallimard l'édite.

Moi, je suis de ce sexe-là, celui qui doit se taire, qu'on fait taire. Et qui doit le prendre avec courtoisie, encore montrer patte blanche. Sinon, c'est l'effacement. Les hommes savent pour nous ce que nous pouvons dire de nous. Et les femmes si elles veulent survivre doivent apprendre à comprendre l'ordre. Qu'on ne vienne pas me raconter que les choses ont tant évolué qu'on est passé à autre chose. Pas à moi.

Ce que je supporte en tant qu'écrivain femme, c'est deux fois ce qu'un homme supporte.

Simone de Beauvoir, qui commence les *Lettres au Castor* par cette première lettre que lui écrit Sartre : « Voulez-vous être assez bonne pour donner mon linge (tiroir inférieur de l'armoire) à la blanchisseuse ce matin ? Je laisse la clé sur la porte. Je vous aime tendrement, mon amour. Vous aviez une petite tête charmante, hier, en disant "Ah vous m'aviez regardée, vous m'aviez regardée" et quand j'y pense mon cœur se fend de tendresse. Au revoir petit Bon. » Qu'on inverse, qu'on inverse le tout, et le linge et la petite tête charmante. On comprend mieux de quel sexe on est, celui du linge sale des autres et des petites têtes charmantes.

En tant qu'écrivain, le politique s'organise pour me ralentir, me handicaper, pas en tant qu'individu mais bien en tant que femelle. Ce n'est pas quelque chose que je prends avec grâce, philosophie ou pragmatisme. Puisque ça m'est imposé, je fais avec. Je le fais avec colère. Sans humour. Même si je baisse la tête et entends tout ce que je ne veux pas entendre et me tais parce que je n'ai pas d'alternative. Je n'ai pas l'intention de m'excuser de ce qui m'est imposé, ni de prétendre trouver ça formidable.

Angela Davis, évoquant l'esclave noire américaine : « Elle avait appris par le travail que son potentiel de femme était équivalent à celui d'un homme. »

Le sexe faible, ça a toujours été une plaisanterie.

Les femmes noires qu'on voit remuer les fesses avec une troublante efficacité dans les clips 50 cents, on peut nourrir à leur endroit toute la condescendance qu'on veut, en les plaignant de ce qu'elles se font utiliser comme des femmes dégradées : elles sont les filles d'esclaves, elles ont travaillé comme les hommes, ont été fouettées comme les hommes. Angela Davis : « Mais les femmes n'étaient pas seulement fouettées et mutilées, elles étaient aussi violées. » Engrossées de force et laissées seules pour élever les enfants. Et elles ont survécu. Ce que les femmes ont traversé, c'est non seulement l'histoire des hommes, comme les hommes, mais encore leur oppression spécifique. D'une violence inouïe. D'où cette proposition simple : allez tous vous faire enculer, avec votre condescendance à notre endroit, vos singeries de force garantie par le collectif, de protection ponctuelle ou vos manipulations de victimes, pour qui l'émancipation féminine serait difficile à supporter. Ce qui est difficile, c'est encore d'être une femme, et d'endurer toutes vos conneries. Les avantages que vous tirez de notre oppression sont en définitive piégés. Quand vous défendez vos prérogatives de mâles, vous êtes comme ces domestiques de grands hôtels qui se prennent pour les propriétaires des lieux... des larbins arrogants, et c'est tout.

Quand le monde capitaliste s'écroule et ne peut subvenir aux besoins des hommes, plus de travail, plus de dignité dans le travail, absurdité et cruauté des contraintes économiques, vexations administratives, humiliations bureaucratiques, certitude de se faire arnaquer dès qu'on veut acheter quelque chose, nous sommes encore tenues pour responsables. C'est notre libération qui les rend malheureux. Ça n'est pas le système politique mis en place qui est fautif, c'est l'émancipation des femmes.

Vouloir être un homme ? Je suis mieux que ça. Je m'en fous du pénis. Je m'en fous de la barbe et de la testostérone, j'ai tout ce qu'il me faut en agressivité et en courage. Mais bien sûr que je veux tout, comme un homme, dans un monde d'hommes, je veux défier la loi. Frontalement. Pas de biais, pas en m'excusant. Je veux obtenir plus que ce qui m'était promis au départ. Je ne veux pas qu'on me fasse taire. Je ne veux pas qu'on m'explique ce que je peux faire. Je ne veux pas qu'on m'ouvre les chairs pour me faire gonfler la poitrine. Je ne veux pas avoir un corps de fillette longiligne alors que j'approche de la quarantaine. Je ne veux pas fuir le conflit pour ne pas dévoiler ma force et risquer de perdre ma féminité.

Une otage est libérée, à la radio elle déclare : « J'ai enfin pu m'épiler, me parfumer, je retrouve ma féminité. » C'est en tout cas l'extrait qu'ils choisissent de passer. Elle ne veut pas sortir en ville, voir ses amis, lire les journaux. Elle veut s'épiler ? C'est son droit le plus strict. Mais qu'on ne vienne pas me demander de trouver ça normal.

Monique Wittig : « Aujourd'hui nous revoilà prises

au piège, dans l'impasse familière du c'est-merveil-leux-d'être-une-femme. »

Volontiers énoncé par des hommes. Et relayé par les collaboratrices, toujours promptes à défendre les intérêts du maître. Ce que les hommes d'âge mûr aiment à nous dire de nous. Qui taisent la fin logique de leur « c'est merveilleux d'être une femme » : jeune, mince, en mesure de plaire aux hommes. Sinon ça n'a rien de merveilleux. C'est juste deux fois plus aliénant.

Ils aiment parler des femmes, les hommes. Ça leur évite de parler d'eux. Comment explique-t-on qu'en trente ans aucun homme n'a produit le moindre texte novateur concernant la masculinité ? Eux qui sont si bavards et si compétents quand il s'agit de pérorer sur les femmes, pourquoi ce silence sur ce qui les concerne ? Car on sait que plus ils parlent, moins ils disent. De l'essentiel, de ce qu'ils ont vraiment en tête. Ils veulent qu'on parle d'eux, à notre tour, peut-être ? Par exemple, ils veulent s'entendre dire à quoi ça ressemble, vu de l'extérieur, leurs viols collectifs ? On dirait qu'ils veulent se voir baiser, se regarder les bites les uns les autres, être ensemble en train de bander, on dirait qu'ils ont envie de se la mettre. On dirait qu'ils ont peur de s'avouer que ce dont ils ont vraiment envie, c'est de baiser les uns avec les autres. Les hommes aiment les hommes. Ils nous expliquent tout le temps combien ils aiment les femmes, mais on sait toutes qu'ils nous bobardent. Ils s'aiment, entre

eux. Ils se baisent à travers les femmes, beaucoup
d'entre eux pensent déjà aux potes quand ils sont
dans une chatte. Ils se regardent au cinéma, se donnent de beaux rôles, ils se trouvent puissants, fanfa-
ronnent, n'en reviennent pas d'être aussi forts, beaux
et courageux. Ils écrivent les uns pour les autres, ils
se congratulent, ils se soutiennent. Ils ont raison. Mais
à force de les entendre se plaindre que les femmes
ne baisent pas assez, n'aiment pas le sexe comme il
faudrait, ne comprennent jamais rien, on ne peut
s'empêcher de se demander : qu'est-ce qu'ils attendent pour s'enculer ? Allez-y. Si ça peut vous rendre
plus souriants, c'est que c'est bien. Mais, parmi les
choses qu'on leur a correctement inculquées, il y a la
peur d'être PD, l'obligation d'aimer les femmes.
Alors, ils filent droit. Ils renâclent, mais obéissent. Au
passage, ils torgnolent une fille ou deux, furieux de
devoir faire avec.

Il y a eu une révolution féministe. Des paroles se
sont articulées, en dépit de la bienséance, en dépit
des hostilités. Et ça continue d'affluer. Mais, pour
l'instant, rien, concernant la masculinité. Silence
épouvanté des petits garçons fragiles. Ça commence
à bien faire. Le sexe prétendument fort, qu'il faut
sans arrêt protéger, rassurer, soigner, ménager. Qu'il
faut défendre de la vérité. Que les femmes sont des
lascars comme les autres, et les hommes des putes et
des mères, tous dans la même confusion. Il y a des
hommes plutôt faits pour la cueillette, la décoration

d'intérieur et les enfants au parc, et des femmes bâties pour aller trépaner le mammouth, faire du bruit et des embuscades. C'est chacun son terrain. L'éternel féminin est une énorme plaisanterie. On dirait que la vie des hommes dépend du maintien du mensonge... femme fatale, bunny girl, infirmière, lolita, pute, mère bienveillante ou castratrice. Du cinéma, tout ça. Mise en scène des signes et précision des costumes. On se rassure de quoi, comme ça ? On ne sait pas exactement ce qu'ils craignent, si les archétypes construits de toutes pièces s'effondrent : les putes sont des individus lambda, les mères ne sont intrinsèquement ni bonnes ni courageuses ni aimantes, pareil pour les pères, ça dépend des gens, des situations, des moments.

S'affranchir du machisme, ce piège à cons ne rassurant que les maboules. Admettre qu'on s'en tape de respecter les règles des répartitions des qualités. Système de mascarades obligatoires. De quelle autonomie les hommes ont-ils si peur qu'ils continuent de se taire, de ne rien inventer ? De ne produire aucun discours neuf, critique, inventif sur leur propre condition ?

À quand l'émancipation masculine ?

À eux, à vous de prendre votre indépendance. « Oui, mais quand on est doux, les femmes préfèrent les brutes » geignent les anciens favoris. C'est faux. Certaines femmes aiment la puissance, ne la craignent pas chez les autres. La puissance n'est pas une brutalité. Les deux notions sont bien distinctes.

LEMMY CANTONA BREILLAT PAM GRIER HANK
BUKOWSKI CAMILLE PAGLIA DENIRO TONY MONTANA
JOEY STARR ANGELA DAVIS ETA JAMES TINA TURNER
MOHAMED ALI CHRISTIANE ROCHEFORT HENRI ROLLINS
AMELIE MAURESMO MADONNA COURTNEY LYDIA LUNCH
LOUISE MICHEL MARGUERITE DURAS CLINT JEAN
GENET... Question d'attitude, de courage, d'insoumis-
sion. Il y a une forme de force, qui n'est ni masculine,
ni féminine, qui impressionne, affole, rassure. Une
faculté de dire non, d'imposer ses vues, de ne pas se
dérober. Je m'en tape que le héros porte une jupe et
des gros nibards ou qu'il bande comme un cerf et
fume le cigare.

Bien sûr que c'est pénible d'être une femme. Peurs,
contraintes, impératifs de silence, rappels à un ordre
qui a fait long feu, festival de limitations imbéciles et
stériles. Toujours des étrangères, qui doivent se taper
le sale boulot et fournir la matière première en faisant
profil bas... Mais, à côté de ce que c'est, être un
homme, ça ressemble à une rigolade... Car, finalement, nous ne sommes pas les plus terrorisées, ni les
plus désarmées, ni les plus entravées. Le sexe de
l'endurance, du courage, de la résistance, a toujours
été le nôtre. Pas qu'on ait eu le choix, de toute façon.

Le vrai courage. Se confronter à ce qui est neuf.
Possible. Meilleur. Échec du travail ? Échec de la
famille ? Bonnes nouvelles. Qui remettent en cause,
automatiquement, la virilité. Autre bonne nouvelle.
On en a soupé, de ces conneries.

Le féminisme est une révolution, pas un réaména-

gement des consignes marketing, pas une vague pro-
motion de la fellation ou de l'échangisme, il n'est pas
seulement question d'améliorer les salaires d'appoint.
Le féminisme est une aventure collective, pour les
femmes, pour les hommes, et pour les autres. Une
révolution, bien en marche. Une vision du monde,
un choix. Il ne s'agit pas d'opposer les petits avantages des femmes aux petits acquis des hommes, mais
bien de tout foutre en l'air.

Sur ce, salut les filles, et meilleure route...

BIBLIOGRAPHIE

Norma J. ALMODOVAR, *Cop to Call Girl : Why I Left the LAPD to Make an Honest Living As a Beverly Hills Prostitute.* New York, N.Y. : Simon & Schuster, 1993.

Raffaëla ANDERSON, *Hard* (2001), Paris, Grasset.

Antonin ARTAUD, *Le Pèse-Nerfs* (1925), réed. Paris, Gallimard-Poésie, 1988.

Simone DE BEAUVOIR, *Le Deuxième Sexe*, Paris, Gallimard, 1949.

Judith BUTLER, *Gender Trouble. Feminism and the Subversion of Identity*, New York, Routledge, 1990 ; trad. fr. *Trouble dans le genre*, Paris, La Découverte, 2005.

Pat CALIFIA, *Public Sex : The Culture of Radical Sex,* San Francisco, Cleis Press, 1994.

Claire CARTHONNET, *J'ai des choses à vous dire : Une prostituée témoigne,* Paris, Robert Laffont, 2003.

Drucilla CORNELL (Ed.), *Feminism and Pornography*, Oxford, Oxford University Press, 2000.

Angela Y. DAVIS, *Women, Race and Class*, New York, Vintage Books, 1981.

Gisèle HALIMI, *La Cause des femmes* (1973), Paris, Grasset.

HPG, *Autobiographie d'un hardeur* (2002), Paris, Hachette Littératures.

Scarlot HARLOT, *Unrepentant Whore : The Collected Works of Scarlot Harlot*, San Francisco, Last Gasp, 2004.

Michèle LE DOEUF, *L'Étude et le Rouet*, Paris, Seuil, 1989.

Gauntlet, No. 7. *Special Issue Sex Work in the United States*, 1997.

Donna HARRAWAY. *Simians, Cyborgs and Women. The reinvention of nature*, London, New York, Routledge, 1991.

Teresa DE LAURETIS, *Technologies of Gender : Essays on Theory, Film and Fiction*, Bloomington and Indianapolis, Indiana Unviersity Press, 1984.

Teresa DE LAURETIS, *The Practice of Love. Lesbian Sexuality and Perverse Desire*, Bloomington and Indianapolis, Indiana Unviersity Press, 1994.

Lauraine LEBLANC, *Pretty in Punk. Girls' Gender Resistance in Boys' Culture*, New Brunswick, Rutgers University Press, 2001.

Annie LEBRUN, *Lâchez tout*, Paris, Le Sagittaire, 1977.

Violette LEDUC, *Thérèse et Isabelle*, Paris, Gallimard, 1955.

David LOFTUS, *Watching Sex : How Men Really Respond to Pornography*, New York, Thunder's Mouth Press, 2002.

Lydia LUNCH, *Paradoxia. A Predator's Diary*, London, Creation Press, 1997 ; trad. fr. *Paradoxia, Journal d'une prédatrice*, Paris, Le Serpent à Plumes, 1999.

Camille PAGLIA, *Vamps and Tramps*, New York, Vintage, 1992.

Michelle PERROT, *Les Femmes ou les Silences de l'Histoire*, Paris, Flammarion, 2001.

Gail PHETERSON (Ed.), *A Vindication of the Rights of Whores*, Seattle, Seal Press, 1989.

Gail PHETERSON, *Le Prisme de la prostitution*, Paris, L'Harmattan, 2001.

Susie ORBACH, *Fat Is a Feminist Issue*, Berkley publishing group, 1978.

Beatriz PRECIADO, *Manifeste Contrat sexuel*, Paris, Balland, 2000.

Beatriz PRECIADO, « Giantesses, Houses, Cities : Notes for a Political Topography of Gender and Race », *Artecontexto, Gender and Territory*, Autum, 2005.

Carol QUEEN, *Real, Live, Nude Girl : Chronicles of Sex-Positive Culture,* San Francisco, Cleis Press, 1997.

Maria RAHA, *Cinderella's Big Score, Women of the Punk and Indie Underground*, Emerville, Seal Press, 2005.

Ruby RICH, *Chick Flicks : Theories and Memories of the Feminist Film Movement*, Durham, Duke University Press, 1998.

Joan RIVIERE, « *Womanliness as Masquerade* », 1929 ; trad. fr. « La féminité en tant que mascarade », *Féminité Mascarade*, Paris, Seuil, 1994.

Nina ROBERTS, *J'assume*, Paris, Scali, 2005.

Gayle RUBIN, « Sexual Traffic », Interview with Judith Butler, *Feminism meets Queer Theory,* Indianapolis, Indiana University Press, 1997.

Javier SÁEZ, *Théorie Queer et Psychanalyse*, Paris, EPEL, 2005.

Jean-Paul SARTRE, *Lettres au Castor*, Gallimard, 1983.

Annie SPRINKLE, *Hardcore from the Heart, The Pleasures, Profits and Politics of Sex in Performance*, London, Continuum, 2001.

Valentine DE SAINT-POINT, *Manifeste de la femme futuriste*, Paris, Séguier, 1996.

Valerie SOLANAS, *Scum Manifesto*, London, Phoenix Press, 1991.

Michelle TEA, *Rent Girl*, San Francisco, Alternative Comics, Last Gasp, 2004.

George VIGARELLO, *Histoire du viol du XVIe au XXe siècle*, Paris, Seuil, 1998.

Marie-Louise VON FRANTZ, *La Femme dans les contes de fées*, Paris, La Fontaine de Pierre, 1979.

Linda WILLIAM, *Hard Core. Power, Pleasure and the Frenzy of the Visible*, Berkeley, University of California Press, 1989.

Monique WITTIG, *The Straight Mind*, 1982. *La Pensée Straight,* Paris, Balland, 2001.

Mary WOLLSTONECRAFT, *A Vindication of the Rights of Woman* (1792) ; trad. fr. *Défense des droits de la femme*, Paris, Éditions Payot, 1976.

Virginia WOOLF, *A Room of One's Own*, (1929), trad. fr. *Une chambre à soi,* Paris, Édition 10/18, 2001.

Table

Virginie Despentes
au Livre de Poche

Apocalypse bébé   n° 32843

Valentine disparue… Quand une adolescente doulou-
reuse est le seul point commun de tous ceux qui, de Paris
à Barcelone, la cherchent sans se connaître et se trouvent
sans la sauver. Ce livre a obtenu le prix Renaudot en 2010.

Baise-moi   n° 34059

C'est l'histoire d'une amitié passionnelle : deux filles sans
repères dont les chemins se croisent par hasard, et qui vont
découvrir qu'elles n'ont plus rien à perdre… Paru en 1993
et traduit dans plus de vingt langues, *Baise-moi* est une
déclaration de guerre au bon goût, aux beaux sentiments
et à l'élégance. À la croisée du roman *hard boiled* et de la
culture hardcore, un roman nihiliste et trash, que sauve un
humour grinçant… Virginie Despentes et Coralie Trinh
Thi l'ont adapté à l'écran en 2000, avec Karen Bach et
Raffaëla Anderson dans les rôles titres. Censuré en France,
le film a connu un succès durable à l'international.

Bye Bye Blondie   n° 30517

«Une fille qu'on rencontre en HP n'est pas une fille qui
rend heureux. Il voulait jouer contre le reste du monde,
avoir raison contre toutes les évidences, il pensait que

c'était ça l'amour. Il voulait prendre ce risque, avec elle, et qu'ils arrivent sur l'autre rive, sains et saufs. Mais ils réussissent juste à s'entraîner au fond. Il est temps de renoncer…» Gloria a été internée en hôpital psychiatrique. Contre toute attente, la punkette «prolo» y a rencontré Éric, un fils de bourgeois aussi infréquentable qu'elle ; ils se sont aimés comme on s'aime à seize ans. Puis la vie, autant que les contraintes sociales, les a séparés. Vingt ans après, à nouveau, leurs chemins se croisent. Portrait d'une femme blessée aux prises avec ses démons, traversée des années punk, chronique d'un amour naufragé, *Bye Bye Blondie* est sans doute le livre le plus émouvant de Virginie Despentes.

Les Chiennes savantes   n° 34063

Nous sommes à Lyon, sur les pentes de la Croix-Rousse. Louise travaille comme strip-teaseuse. Elle rencontre un mauvais garçon, Victor, qui la manipule avec une habileté perverse et lorsque deux de ses collègues de travail sont découvertes sauvagement assassinées, elle se retrouve à mener l'enquête… Virginie Despentes signe ici son unique polar de facture classique, et place le lecteur dans la position d'un client de peep-show : les personnages exhibent autre chose que ce qu'ils sont, ne se parlent que séparés par des vitres, les rideaux tombent toujours trop tôt, et ce qu'on finit par découvrir en loge n'a rien à voir avec ce qui se donne en spectacle… Quand les poupées prennent la parole et se démaquillent, elles ne ressemblent pas tout à fait à ce qu'on croyait savoir d'elles.

Les Jolies Choses   n° 34105

Deux sœurs jumelles, deux personnalités opposées : Claudine et Pauline n'ont pas grandi de la même façon et les adultes qu'elles sont devenues n'ont rien pour s'entendre. L'une est rebelle et renfermée, l'autre est une pin-up ambitieuse. L'une a un talent, l'autre les dents longues. Est-il possible de réconcilier deux extrêmes que tout semble séparer ? Virginie Despentes dresse ici le portrait d'une femme écartelée entre deux choix de vie : compromission ou radicalité. Le roman a reçu le prix de Flore en 1998 et a été porté à l'écran par Gilles Paquet-Brenner en 2001, avec Marion Cotillard et Stomy Bugsy dans les rôles-titres.

Teen Spirit n° 34104

Bruno, trentenaire agoraphobe, est un traducteur au chômage. Il vit à Barbès et occupe ses journées à regarder la télé en fumant de l'herbe. Alice, bref amour de jeunesse qu'il n'a pas revu depuis quinze ans, revient soudain dans sa vie pour lui annoncer qu'il est le père d'une adolescente rétive à toute autorité, Nancy… Père du jour au lendemain, cet homme-enfant qui s'était accroché au rock pour ne surtout pas grandir va devoir bousculer ses habitudes, se défaire de ses certitudes et tenter de concilier vieilles convictions et nouvelles responsabilités. Mais à la veille des événements du 11 septembre 2001, il semblerait que la vie de Bruno ne soit pas la seule chose appelée à se transformer brutalement…

Vernon Subutex (2 tomes) n°s 34047 et 34097

Qui est Vernon Subutex ? Une légende urbaine. Un ange déchu. Un disparu qui ne cesse de ressurgir. Le détenteur d'un secret. Le dernier témoin d'un monde révolu. L'ultime visage de notre comédie inhumaine. Notre fantôme à tous.